# J'arrête de scroller (ou presque) !

## Maîtriser son temps d'écran pour une vie plus équilibrée

MANGO
éditions

# Sommaire

# Avant-propos

Cher lecteur,

Si vous tenez ce livre entre vos mains aujourd'hui, c'est probablement parce que vous avez le sentiment que l'un de vos proches ou vous-même êtes hyperconnectés. Autrement dit, que vous passez trop de temps sur vos smartphones et que cela se fait au détriment d'activités plus enrichissantes. Peut-être votre conjoint a-t-il les yeux rivés sur son téléphone alors que vous êtes en plein dîner romantique, ou peut-être vous couchez-vous de plus en plus tard car vous êtes absorbé par la lecture de votre flux Twitter, TikTok ou Instagram le soir dans votre lit ? Vous vous inquiétez parce que votre enfant passe ses soirées sur les écrans et vous vous demandez si c'est dangereux ? Votre patron vous envoie des mails en pleine nuit et vous vous sentez obligé d'y répondre ou la simple vue de ses messages vous donne de la tachycardie ?

Ou alors, vous êtes simplement curieux (et je vous en félicite !) : vous trouvez qu'avoir accès à tous les bénéfices qu'offrent les outils numériques est un progrès formidable, vous vous demandez ce que peut bien être l'hyperconnexion et s'il s'agit vraiment d'un problème.

J'aimerais vous poser quelques questions. Le matin, au réveil, votre téléphone est-il la première chose que vous prenez en main et sur laquelle se porte votre attention ? Lorsque vous attendez pour un rendez-vous, de peur de vous ennuyer, vous saisissez-vous de votre smartphone pour patienter ? Parfois, avez-vous l'impression que votre appareil vibre dans votre poche, alors qu'il n'y est pas ? Enfin, au travail, cela vous agace-t-il lorsque vous ne recevez pas de réponse à un mail dans la journée ?

Si vous avez répondu oui à l'une de ces questions, alors l'hyperconnexion est un sujet qui vous concerne. À vrai dire, il nous touche tous – ou presque – dans nos sociétés urbaines.

Les conséquences de l'hyperconnexion sont nombreuses et surtout en croissance. Notre relation au numérique modifie notre façon d'interagir ainsi que nos comportements, et peut également avoir un impact négatif sur notre santé. Toutefois, je n'ai pas pour volonté de dire qu'il faut arrêter l'utilisation des outils numériques, se déconnecter définitivement d'internet et jeter son smartphone par la fenêtre. Au contraire !

Cet ouvrage a pour ambition de vous décrire les différentes façons dont l'essor du numérique, et en particulier du smartphone, a des conséquences dans nos vies quotidiennes. Il est important d'en prendre conscience et c'est à nous d'en tirer les leçons pour revoir nos usages. Car c'est bien de cela dont il s'agit. L'outil n'est pas le problème, mais la manière dont nous l'utilisons.

En déclarant « J'arrête de scroller ! » c'est plus qu'une bonne résolution que vous prenez. C'est une revendication ! Celle de vouloir reprendre le contrôle sur votre usage numérique. Fini la perte de temps abyssale d'un scroll infini qui nous éloigne de ce qui compte pour nous. Fini de nourrir gratuitement les ogres algorithmiques de nos photos et pensées les plus intimes. Fini d'avoir l'attention absorbée par un écran, et d'en perdre la notion du temps.

Depuis l'arrivée des smartphones et en particulier des réseaux sociaux, nous nous sommes engouffrés dans un flux dont le débit est colossal et l'accélération prodigieuse. Un flux d'informations (pas toujours exactes), et un flux d'émotions (pas toujours positives), mais qu'en tirons-nous vraiment comme bénéfice ?

Il est donc essentiel de prendre le temps d'une pause, d'un pas de côté, afin d'observer le plus objectivement possible, et sans jugement, que ce soit envers nous-mêmes ou les autres, notre rapport au numérique. De prendre le temps d'évaluer nos mauvaises habitudes, comme les bonnes, afin d'améliorer notre bien être et notre santé.

# UN FRANÇAIS PASSE PRESQUE 5 HEURES 30 PAR JOUR SUR INTERNET

**2 HEURES 34**
**DEPUIS UN APPAREIL MOBILE**

**2 HEURES 47**
**DEPUIS UN ORDINATEUR**

*– WE ARE SOCIAL, 2024.*

# LE NUMÉRIQUE DANS LE MONDE

| Population totale | Utilisateurs d'internet | Utilisateurs des réseaux sociaux | Utilisateurs de téléphones portables |
|---|---|---|---|
| 8, 18 milliards | 5,52 milliards | 5,22 milliards | 5,75 milliards |
| Urbanisation | Pénétration | Pénétration | Pénétration |
| 57,7 % | 67,5 % | 63,8 % | 70,3 % |

*– WE ARE SOCIAL, 2024.*

Dans un premier temps, il est important de prendre conscience de notre hyperconnexion ainsi que des différentes façons dont elle se manifeste à travers de nouveaux symptômes qui apparaissent dans notre quotidien. Puis nous verrons que cet usage, observé par le prisme des neurosciences, est une interaction entre les outils numériques et notre cerveau, les deux étant intimement liés et l'un influençant l'autre, pour le meilleur comme pour le pire. Enfin, nous verrons comment mettre en place un usage plus raisonné des outils numériques, aussi bien dans la sphère professionnelle que dans la sphère personnelle, car c'est un sujet qui touche indistinctement ces deux aspects de notre vie.

Qu'il s'agisse des ordinateurs, des smartphones ou d'internet de manière générale, les outils numériques sont là pour nous aider. Pourtant, nous avons parfois l'impression qu'ils nous desservent plus qu'ils ne nous servent. L'objectif de cet ouvrage est donc de vous aider à reprendre le contrôle sur vos outils numériques pour les utiliser à votre bénéfice.

Allô?

# Introduction

## NOTRE HYPERCONNEXION

**Les internautes ne représentaient qu'un peu plus d'un quart de la population mondiale en 2014. Aujourd'hui, 66 % planète est connectée à internet et le nombre de personnes connectées ne cesse de croître d'année en année[1].**

Cependant, cette forte connexion au niveau mondial est très inégale. Alors que l'Islande est en tête avec 100 % de sa population ayant la possibilité de se connecter depuis son domicile ou avec un smartphone, ce n'est le cas que pour 11 % de la population au Burundi[2].

Alors que nous sommes sujets à des problèmes d'hyperconnexion, presque la moitié de la population mondiale ne dispose pas de connexion et ne bénéfice donc pas des différents avantages qu'elle présente, tels que l'accès à l'information et au savoir, la communication, mais également les possibilités en matière de développement économique.

1. *We are social, Digital Report France 2024, le guide ultime de l'évolution du numérique*, janvier 2024.
2. *Union internationale des télécommunications, Rapport et Base de données sur le développement des télécommunications/TIC dans le monde*, Groupe de la Banque Mondiale, 2022.

## LES INTERNAUTES DANS LE MONDE SELON LES RÉGIONS GÉOGRAPHIQUES (JUILLET 2024)

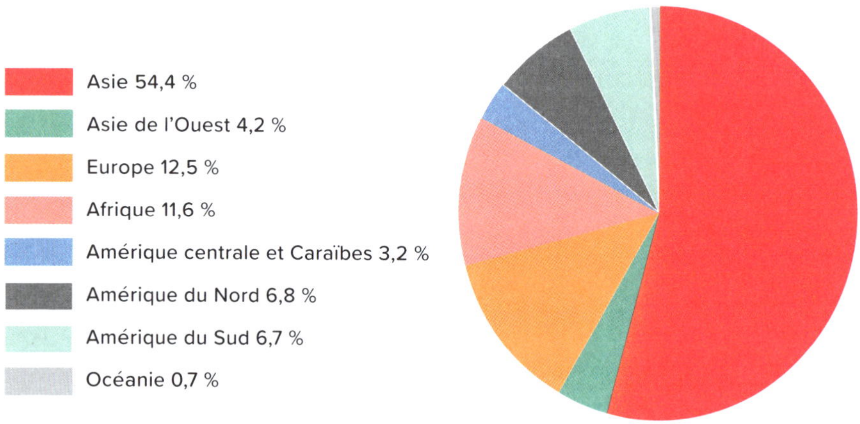


*– WE ARE SOCIAL, 2024.*

En France, 88 % de la population a accès à internet et 98 % des gens possèdent un smartphone, ce qui nous place dans la moyenne européenne. En comparaison, en 2016, nous étions le vingt-septième pays au monde le plus connecté en termes de pénétration (%) et le onzième en nombre d'internautes. À l'échelle mondiale, la France est un pays très bien connecté, à tel point que de nombreuses administrations ont dématérialisé leurs procédures et qu'il est maintenant tout à fait courant de faire ses déclarations d'impôts, de payer ses factures d'électricité ou de renouveler ses papiers d'identité par internet.

# LE NUMÉRIQUE EN FRANCE

| Population totale | Utilisateurs d'internet | Utilisateurs des réseaux sociaux | Utilisateurs de téléphones portables |
|---|---|---|---|
| 64,82 millions | 60,80 millions | 50,70 millions | 75,02 millions |
| Urbanisation | Pénétration | Pénétration | Pénétration |
| 81,9 % | 93,8 % | 78,2 % | 115,7 % |

*– WE ARE SOCIAL, 2024.*

Être très bien connecté ou trop connecté : la frontière est parfois mince. Le smartphone est de plus en plus devenu un prolongement de notre main, toujours présent dans notre poche, un peu comme notre doudou… Il a remplacé depuis quelques années les bons vieux réveils et trône sur notre table de nuit, veillant de sa lumière bleutée sur notre sommeil.

Pire encore, il nous est même difficile d'imaginer nous en séparer pour une durée trop longue et il nous manque au bout de quelques jours seulement, et lorsque nous l'avons à portée de main, nous ne pouvons nous empêcher de le consulter.

À ce stade, peut-on parler de dépendance ? D'addiction ? C'est une véritable question. Le smartphone a pris une place incontestable dans nos modes de vies.

**87 % DES FRANÇAIS CONSULTENT LEUR SMARTPHONE DÈS LE MATIN, 81 % LE SOIR AVANT DE S'ENDORMIR ET 66 % PENDANT LES REPAS.**

*— ENQUÊTE DE L'IFOP POUR AGIR POUR L'ENVIRONNEMENT, 2024.*

## COMMENT EN SOMMES-NOUS ARRIVÉS LÀ ?

**Cela relevait de la science-fiction il y a quelques dizaines d'années : nous pouvons aujourd'hui communiquer avec n'importe qui, n'importe où, n'importe quand, que cette personne soit à dix mille kilomètres ou dans la pièce d'à côté. Nous pouvons échanger en temps réel, en face à face, du son, des images, des documents, à notre guise.**

### → Une évolution à couper le souffle

Toujours à portée de main, nos smartphones, ordinateurs portables, tablettes ou autres montres connectées nous accompagnent en permanence, seulement limités par le niveau de batterie ou la présence de wifi. Il nous serait difficile aujourd'hui d'imaginer nous passer de ce pouvoir de connexion. Pourtant, il est très récent. Ce n'est que dans les années 1970 et 1980 que furent conçues les bases de l'infrastructure et des protocoles sur lesquelles internet repose encore aujourd'hui. Issu du monde des laboratoires et de la recherche académique, il avait pour objectif l'échange d'informations et de données à l'échelle mondiale.

C'est véritablement à partir de 1995 et du lancement de Windows 95 accompagné du navigateur Internet Explorer qu'internet intègre les foyers du grand public. Il est alors composé des fonctions majeures : mails, newsgroup (ancêtre du principe de forum), FTP (téléchargement de fichiers et documents), IRC (protocole de discussion instantanée) et bien sûr le web, par le protocole HTTP. À l'époque, pas de Google ni même de Facebook. Les sites sont référencés dans des annuaires et les connexions se font *via* les lignes téléphoniques grâce à des modems. L'usage d'internet est

à la demande et nécessite un investissement significatif, en temps et en argent.
Par la suite, le web évolue à une vitesse vertigineuse. Les différentes fonctions qui étaient auparavant séparées sont interconnectées et améliorées, les technologies des sites internet perfectionnées.

### → Une avancée majeure dans l'histoire de l'humanité

C'est dans les années 2000 qu'internet fait un nouveau bond en avant avec l'apparition du web 2.0, ou le web dit « social ». Facebook, Wikipédia, YouTube : les internautes peuvent créer du contenu, l'échanger, l'enrichir, le publier, le partager, au sein d'une communauté, entre amis ou entre proches…

Le paradigme de l'échange d'information a alors basculé. On passe d'une logique de transmission de l'information descendante, depuis un éditeur de contenu, une référence ou un média, vers le consommateur de cette information, à un système plus horizontal, en réseau, où les consommateurs de l'information sont également ses producteurs. Nous regardons des vidéos sur YouTube qui sont produites par d'autres internautes, et rien ne nous empêche d'en publier à notre tour et de les partager. Il n'est pas nécessaire d'être membre de l'Académie des sciences pour écrire dans Wikipédia, alors qu'il s'agit de l'encyclopédie la plus lue au monde. Cela nous confère un accès quasiment universel à l'information et à sa production.

### → Loin de ce que les inventeurs du web avaient pu imaginer

Nous pouvons partager nos dernières découvertes, exprimer nos réflexions, dénoncer une injustice, mais également faire connaître notre dernier parcours de jogging ou montrer

# HISTORIQUE DE L'ARRIVÉE D'INTERNET DANS NOS VIES

**1973**
Adoption du protocole TCP/IP et du mot « internet »

**1983**
DNS
(système des noms de domaines, encore à la base du web aujourd'hui)

**1989**
Le Cern invente le WWW
(World Wide Web : le web !)

**1993**
Premier navigateur internet « Mosaic »

**1995**
Arrivée de Windows 95 et d'Internet Explorer : internet arrive dans les foyers (web 1.0) !
Apparition des premiers sites marchands (par exemple, Expedia en 1996)

**2000**
Web 2.0, web social, open source, API, syndication de contenus…
(Wikipédia, Facebook, blogs, YouTube, TripAdvisor…)

**2020**
Web 3.0
Blockchain (NFT, crypto-monnaies…)

**Aujourd'hui**
IA générative
(ChatGPT, Claude, Midjourney…)

notre délicieux cappuccino de ce matin, sans oublier de diffuser la vidéo de ce chat qui éternue. Enfin, ceci n'étant que la partie émergée de nos échanges d'information, tous nos dispositifs connectés collectent nos différentes localisations au cours du temps, nos préférences d'achats, l'historique de nos visites sur internet, les temps passés à telles ou telles activités, nos hobbies, nos intérêts, le type de personnes que nous affectionnons sur les sites de rencontre, sans oublier bien sûr le contenu de nos discussions et autres messages…

L'hétérogénéité et le volume incommensurables de ces données rendent l'analyse hautement complexe, à tel point qu'une nouvelle profession en est née : *data scientist*, sans doute l'un des profils les plus recherchés par les recruteurs aujourd'hui.

En parallèle de ces avancées dans l'échange d'information et de données, nous avons fait des progrès notables en ce qui concerne l'automatisation de certaines tâches, grâce à l'outil numérique. Cela ne date pas d'internet à proprement parler, mais les deux se sont auto-enrichis, par leur axe commun qu'est celui de la donnée. On parle alors d'algorithmes, qui vont avoir pour mission de répliquer des actions auparavant réalisées par des humains (calculs, résolution de problèmes…), mais aussi d'analyser toutes ces données produites.

### → La révolution digitale

Au cœur de la recherche et développement dans ce secteur : l'intelligence artificielle. C'est la convergence entre le *big data*, cette explosion des données personnelles produites et collectées, l'intelligence artificielle, pour l'analyse de ces données et l'automatisation des tâches, ainsi que notre ultra-connectivité en tout temps et en tous lieux par nos smartphones qui donnent lieu à ce qu'est le numérique aujourd'hui.

Face à autant de potentiels en matière de partage d'information, d'automatisation des tâches, de collecte de données et d'analyse, les entreprises, tous secteurs confondus, se sont engagées avec force et élan dans la « transformation digitale ».

## Le petit conseil

*Amis amoureux de la langue française, ne m'en veuillez pas si la majorité des contractions, mots valises et autres néologismes évoqués dans cet ouvrage proviennent de l'anglais et donneront très probablement lieu à de futurs anglicismes. L'hyperconnexion est avant tout une problématique dont le cœur des travaux nous vient d'Amérique du Nord. Toutefois, en raison de la croissance effrénée du nombre d'internautes et de possesseurs de smartphone en Asie et en Europe, il s'agit maintenant d'un sujet pris en sérieuse considération à travers le monde.*

NOUS POUVONS MAINTENANT LIRE NOS MAILS, SUIVRE LES RÉSEAUX SOCIAUX ET CONSULTER D'AUTRES SOURCES D'INFORMATION EN TEMPS RÉEL ET DANS DES LIEUX QUI NE S'Y PRÊTAIENT PAS *A PRIORI*… SI BIEN QUE PRESQUE 1 PERSONNE SUR 5 A DÉJÀ FAIT TOMBER SON SMARTPHONE DANS LES TOILETTES !

# Les symptômes de l'hyperconnexion

## L'INFOBÉSITÉ

**En quelques dizaines d'années, l'information a beaucoup évolué, tant dans sa nature que dans son statut. Anciennement très rare et précieuse, elle est devenue, grâce aux nouvelles technologies, abondante, accessible et diffusable à volonté.**

Plus de 1 Français sur 2 déclare souffrir de fatigue informationnelle. En effet, nous parlons aujourd'hui d'«infobésité»[3], la contraction d'« information » et d'« obésité ». L'information peut prendre une multitude de formes différentes : mails, SMS, messageries instantanées, vidéo. De nos jours dématérialisée, l'information peut se reproduire à l'infini avec une grande facilité, se multipliant, tant en nombre de copies que de destinataires. Imaginez si tous ces mails étaient des lettres que nous recevions par la poste. Nos facteurs devraient troquer leurs vélos pour des semi-remorques !

Cela a de nombreuses conséquences. D'une part, lire et traiter cette quantité astronomique d'information nous prend du temps, beaucoup de temps. D'autre part, cela représente une surcharge d'information dont notre cerveau pourrait se passer.

---

3. G. Gault, D. Medioni, Fondation Jean Jaurès, ObSoCo et Arte, *Les Français et la fatigue informationnelle. Mutations et tensions dans notre rapport à l'information*, septembre 2022.

ON ESTIME QU'EN 2027,
LE NOMBRE DE MAILS
ÉCHANGÉS DANS LE
MONDE DÉPASSERA
LES 400 MILLIARDS !
C'EST PLUS QUE LE
NOMBRE D'ÉTOILES
DANS LA VOIE LACTÉE,
QUI EST ESTIMÉ ENTRE
100 ET 400 MILLIARDS.

*– THE RADICATI GROUP, 2023-2027*

### → « Eh ! T'as vu mon mail ? »

Le mail est un canal de communication souvent saturé. Ces messages représentent une véritable source de stress et peuvent devenir un cercle vicieux. Plus les mails non lus s'accumulent et plus ils nous perturbent pour lire ceux nouvellement reçus. Les informations se perdent dans le nombre, mélangeant spams, publicités et messages importants. Le contenu se raccourcit et devient télégraphique, voire sous forme d'onomatopées, ce qui augmente d'autant plus le nombre de mails envoyés et reçus.

**Selon Microsoft et leur mesure de l'utilisation de la suite bureautique Microsoft 365 (Teams, Excel, PowerPoint, Outlook, Word, etc.), en moyenne, un employé consacre 57 % de son temps à communiquer (en réunion, par mail et via les messageries instantanées). L'échange d'informations a pris une place prépondérante dans le travail, supérieure à celle de la « création » (des documents, des tableurs et des présentations)[4].**

Pour désengorger nos boîtes mails saturées, de plus en plus d'entreprises se tournent vers des solutions de messagerie instantanée, de forums ou autres réseaux sociaux internes, dans l'objectif d'améliorer la communication tout en diminuant le nombre de mails échangés. Bien que cela parte d'une bonne intention, cela crée souvent, malheureusement, d'autres problèmes :

- d'une part, multiplier les canaux s'accompagne en général d'une augmentation de l'information produite ;

---

4. Microsoft, *Microsoft 2023 Work Trend Index : Annual Report*, mai 2023. Étude réalisée sur 31 000 personnes dans 31 pays, notamment grâce aux données collectées directement par la suite logiciel Microsoft 365.

- d'autre part, des outils de discussions de type messageries instantanées (comme Slack, Teams, WhatsApp, etc.) impliquent la génération d'un flux en temps réel nécessitant une consultation elle aussi quasiment en temps réel, pour ne pas risquer de rater une information qui pourrait être cruciale.

**Le saviez-vous ?**

*Selon plusieurs études, un salarié passe en moyenne entre 15 % et 30 % de son temps sur ses mails. Cela représente l'équivalent de 31 à 62 jours de travail par an pour un employé français à temps plein.*

*– ÉTUDE MICROSOFT, 2023.*

Cette explosion du volume des informations échangées est d'autant plus problématique qu'elle n'est pas hiérarchisée. Message personnel, demande de rendez-vous, publicité, invitation à la cantine, demande de contrat à signer, blague entre collègues, tweet d'actualité ou vidéos de chats, tout se retrouve au même niveau, rendant le traitement encore plus complexe et chronophage.

Ces modifications dans nos échanges, et en particulier leur instantanéité, créent de nouvelles injonctions et attentes. L'injonction de devoir être réceptif et disponible, l'attente d'une réponse rapide.

**PLUS DE 1 FRANÇAIS SUR 2 DÉCLARE SOUFFRIR DE FATIGUE INFORMATIONNELLE.**

*– FONDATION JEAN JAURÈS, OBSOCO ET ARTE, SEPTEMBRE 2022.*

Cette multiplication des messages augmente la probabilité d'être interrompu dans ce que nous sommes en train de faire. Notifications, messages, bips sont autant de sollicitations qui nous distraient. Un employé est interrompu en moyenne toutes les 4 minutes (soit 15 fois par heure), entraînant des pertes de productivité équivalentes à 3 jours de travail par mois. Les emails restent la source principale d'interruption[5]. Cela est problématique car notre attention est l'une de nos fonctions cognitives les plus cruciales, par exemple, lorsqu'il s'agit de travailler, d'apprendre, de mémoriser ou d'interagir socialement. Le temps perdu n'est donc pas seulement celui passé à lire ses nouveaux messages, car il nous faut ensuite jusqu'à 25 minutes pour nous reconcentrer.

### → L'hyperconnexion peut devenir une source de stress chronique et augmente les risques psychosociaux.

Cette instantanéité nous entraîne dans une boucle sans fin d'insatisfaction. Nous passons de plus en plus de temps à traiter ce flux d'information qui nous arrive, ce qui suscite souvent un sentiment de temps perdu et d'inachevé qui peut engendrer un épuisement sur le long terme. 70 % des cadres considèrent « l'exigence de disponibilité permanente comme une norme prescrite par leur environnement professionnel »[6].

5. V. Starker *et al.*, étude allemande réalisée sur 637 employés dans 25 entreprises de divers secteurs. Starker, V., Roos, K., Bracht, E. M., Graudenz, D., & Coppik, R. (2022). *Kosten von Arbeitsunterbrechungen für deutsche Unternehmen: Auswirkungen von Fragmentierung auf Produktivität und Stressentwicklung*. Next Work Innovation UG.

6. N. Soubiale, « Chapitre 3. Déconnexion, idéologie managériale et communication numérique dans les organisations », dans *La laisse électronique*, édité par V. Carayol *et al.*, Maison des Sciences de l'Homme d'Aquitaine, 2016.

Il est très important de prendre conscience de la question de l'infobésité, car à l'ère du *big data*, où l'information individuelle devient une ressource à part entière, collectée tant volontairement (nos contributions, nos publications sur les réseaux, les mails envoyés, le choix des personnes en copie, etc.) qu'inconsciemment (collecte de nos informations personnelles, géolocalisation, préférences d'achats, biométrie...), nous sommes devenus à la fois consommateurs de ces informations, mais également producteurs. Nous avons donc une grande part de responsabilité à titre individuel dans l'infobésité, par notre propre consommation, notre usage et notre production d'information.

## LE *BLURRING*

**L'aspect ubiquitaire de nos moyens de connexion rend la frontière entre la vie professionnelle et la vie personnelle de plus en plus poreuse. C'est ce qu'on appelle le *blurring* ou « flou » en français.**
Nous regardons nos mails professionnels à la maison, et nos mails personnels au bureau. Les deux sphères ne sont plus hermétiques l'une par rapport à l'autre car souvent nous utilisons les mêmes outils, comme l'ordinateur, le smartphone ou internet de manière générale.

Aujourd'hui, le *blurring* touche principalement ceux dont le travail est lié à un écran et en particulier les cadres. Toutefois, l'utilisation des outils numériques tend à se généraliser et cela quel que soit le type de métier. Phénomène qui s'est évidemment fortement accentué avec l'essor du télétravail depuis les périodes de confinement. Il s'agit donc d'une question qui doit être prise en compte pour le futur, quels que soient le secteur d'activité ou le métier.

**Déjà en 2017, 78 % des cadres consultaient leurs communications professionnelles pendant les vacances et week-ends, temps qui est normalement dédié aux loisirs[8].**
La majorité d'entre eux n'y étaient pas contraints et l'ont fait volontairement pour « s'assurer qu'il n'y avait pas de problème en leur absence » et « pour éviter d'être débordés à leur retour ». Ces deux raisons sont des signes que l'organisation du travail est à revoir. La moitié des cadres perçoivent cette connectivité comme une source de stress supplémentaire.

8. *Les cadres et l'hyperconnexion, vague 2*, enquête IFOP en partenariat avec Oxygen et Securex, août 2017.

La journée de travail des utilisateurs moyens de Teams s'est allongée de plus de 13 % (46 minutes) depuis mars 2020. Le travail en dehors des heures habituelles et pendant les week-ends a augmenté encore plus rapidement, avec des hausses respectives de 28 % et 14 %[9].

En parallèle, les outils numériques sont progressivement devenus multi-support. On peut consulter un même site internet, une même boîte mail, un compte Facebook ou autre plateforme sur différents dispositifs dont le contenu peut être synchronisé, que ce soit l'ordinateur, le téléphone, la tablette ou même une montre. On peut donc s'y connecter quel que soit le lieu, le contexte ou l'heure. Cela nous offre une liberté d'accès à l'information et aux outils numériques presque illimitée. Pourtant, est-ce bien de liberté dont il s'agit ?

### ➜ « Chéri, il est minuit passé, tu viens te coucher ? » « Désolé, mon boss m'a encore envoyé un mail... »

Certains métiers sont de plus en plus dématérialisés et la notion de temps de travail devient, elle aussi, de plus en plus floue du fait de cette hyperconnectivité des salariés. Mais notre liberté doit nous permettre tant de nous connecter que de nous déconnecter. Conscient de l'impact du numérique sur l'évolution des modes de travail, le législateur a donc inscrit le droit à la déconnexion dans la loi, entré en vigueur le 1er janvier 2017. Ce droit s'applique à tous les employés et oblige les employeurs de plus de cinquante salariés à « mettre en place des instruments de régulation de l'outil numérique ». Preuve, s'il en est, que l'utilisation des outils numériques, bien que pouvant nous apporter des bénéfices indéniables, est actuellement déséquilibrée. Il est nécessaire d'en reprendre le contrôle, à titres individuel et collectif.

---

9. Microsoft, *Microsoft 2022 Work Trend Index : Annual Report*, mars 2023

**58 % DE LA POPULATION UTILISE SON TÉLÉPHONE AVANT DE DORMIR, 18 % DURANT LA PÉRIODE DE SOMMEIL.**

**PLUS ON EST JEUNE, PLUS L'UTILISATION DU TÉLÉPHONE EST FRÉQUENTE DURANT LA NUIT.**

**PRESQUE 85 % DES 16-25 ANS UTILISENT LEUR TÉLÉPHONE AVANT DE DORMIR, ET UN TIERS DURANT LA PÉRIODE DE SOMMEIL.**

*– JOURNAL OF SLEEP RESEARCH, 2021.*

## LE *MULTITASKING*

**Nous voulons tous être de plus en plus efficaces et productifs. Nous souhaitons optimiser notre temps, nous épanouir professionnellement mais aussi personnellement.**

Avoir du temps pour nos proches, pour nos loisirs, mais aussi pour travailler, simplement pour gagner notre vie ou également pour nous accomplir dans nos objectifs de carrière. Nous essayons tous de définir nos priorités en fonction de nos objectifs, mais souvent la question de la gestion du temps crée une tension que l'on aimerait bien apaiser.

C'est dans cette logique d'optimisation et d'efficacité que nous fonçons souvent tête baissée dans le *multitasking*, autrement dit le « multitâche ». Lire ses mails en réunion, suivre son flux d'échanges Twitter devant la télévision, regarder ses posts Instagram en attendant le train, marcher droit devant soi, les yeux rivés sur un profil Facebook : il s'agit bien de *multitasking.*

### ➜ « Regarde où tu marches ! »

Près de 30 % des Américains consultent leurs mails alors qu'ils sont en train de marcher dans la rue. Le nombre de collisions entre piétons et entre piétons et véhicules a augmenté à tel point que cela est devenu un véritable sujet de travail pour les urbanistes ! **Un nouveau mot a été inventé pour décrire ce phénomène (encore un !) : smombie, la fusion de « smartphone » et de « zombie ».** Assez explicite, il a même été élu mot de l'année par les jeunes Allemands en 2015, preuve que toutes les générations se sentent touchées.

# LES NOTIFICATIONS DANS VOTRE QUOTIDIEN

À CHONGQING, DANS LE SUD-OUEST DE LA CHINE, L'EXPÉRIMENTATION A ÉTÉ POUSSÉE ENCORE PLUS LOIN. DANS UNE RUE, DEUX VOIES DE CIRCULATION ONT ÉTÉ DÉLIMITÉES SUR LE TROTTOIR, L'UNE ACCESSIBLE AUX PERSONNES AYANT LEUR SMARTPHONE EN MAIN, L'AUTRE NON. L'AVENIR NOUS DIRA SI C'EST LA BONNE SOLUTION…

Une récente étude canadienne faite sur la base d'observation par caméras d'une intersection à Vancouver, puis analysée par IA, montre très clairement que le comportement des piétons distraits par leur téléphone change considérablement. Leur comportement devient plus imprévisible, leur prise de décision moins bonne et ils agissent globalement de manière moins prudente. Ce niveau de distraction peut augmenter de 45 % la gravité des interactions avec les véhicules[10].

### → Téléphoner ou conduire...

Exemple de *multitasking* plus alarmant encore : l'utilisation du téléphone au volant. Ce comportement multiplie par quatre le risque d'accident. D'autant plus que la distraction engendrée par l'appareil peut se répéter autant de fois que le téléphone vibrera, sonnera ou sera simplement saisi par reflexe, ce qui rend sa présence en voiture encore plus dangereuse.

Les distractions au volant causent 3 308 décès en 2022, et on dénombre presque 300 000 personnes blessées, rien qu'aux États-Unis[11].

En France, 1 accident sur 10 est lié à l'utilisation du téléphone en conduisant. Qu'il soit utilisé avec ou sans kit mains-libres ne change rien, la dimension cognitive en termes d'attention est la même[12].

---

10. T. Alsharif, *Distracted Walking: Does it impact pedestrian-vehicle interaction behavior?*, septembre 2024.

11. *Distracted driving in 2022,* National Highway Traffic Safety Administration, National Center for Statistics and Analysis, avril 2024.

12. *Téléphone et sécurité routière,* expertise collective, Ifsttar-Inserm, avril 2011.

Des villes comme Melbourne en Australie, Bodegraven aux Pays-Bas ou encore Augsbourg et Munich en Allemagne ont mis en place des éclairages au sol au niveau des feux de signalisation afin que même les conducteurs qui ont les yeux rivés sur leur écran puissent s'arrêter aux feux rouges.

En outre, le fait d'écrire au volant (un SMS ou autre) a dépassé l'abus d'alcool dans le classement des causes d'accidents : cette activité entraîne six fois plus d'accidents que l'alcool. Cela à cause d'une seule et même raison : l'illusion que nous pouvons faire plusieurs choses en même temps. **Comme nous le verrons plus loin dans cet ouvrage, le *multitasking* est un mythe !**

## LA NOMOPHOBIE

**Avez-vous déjà ressenti de l'anxiété ou de l'inconfort lorsque vous ne retrouviez plus votre téléphone ? Découvrant sur le chemin du travail qu'elles ont oublié leur smartphone, bon nombre de personnes vont préférer retourner chez elles pour le récupérer, au risque d'être en retard à leur rendez-vous. Cela vous rappelle quelque chose ?**

On parle de « nomophobie » (que de néologismes !). *Nomophobia*, en anglais, est la contraction de *no-mobile-phone phobia*, autrement dit la peur d'être sans son téléphone, de ne pas le retrouver ou, pire encore, de l'avoir perdu.

Au lieu de peur, il serait plus juste de parler d'anxiété. Le terme nomophobie est apparu en 2008 au Royaume-Uni, suite à une première étude de la poste britannique ayant révélé que 53 % des participants ressentaient de l'inquiétude en cas de perte de téléphone, de batterie déchargée ou d'absence de couverture internet[13]. Depuis, le sujet a fait l'objet de nombreuses études, en particulier chez les jeunes étudiants (la population cobaye favorite des études scientifiques !).

En 2023, des chercheurs grecs ont étudié la nomophobie chez les 15-25 ans, sur plus de 370 études publiées ! Ils ont constaté qu'entre 15 % et 99 % des jeunes en souffrent, selon l'âge, le sexe, le temps passé sur leur smartphone et depuis combien d'années ils en possèdent un, ce qui impacte leur sommeil et leurs résultats scolaires.

---

13. V. Notara *et al.*, « The emerging phenomenon of nomophobia in young adults: a systematic review study », *Addiction and Health*, avril 2021.

**EN 2022, PLUS DE 1 PERSONNE SUR 2 DÉCLARE NE PAS POUVOIR PASSER PLUS D'UNE JOURNÉE SANS QU'INTERNET LUI MANQUE.**

*– BAROMÈTRE DU NUMÉRIQUE ARCEP/CREDOC, 2022.*

Le mot « phobie » est fort, mais ne vous y fiez pas, il ne s'agit pas forcément d'une situation pathologique. La question se pose au sein de la communauté scientifique et médicale. Oui, il existe des cas où la peur de perdre son smartphone atteint une intensité telle que l'on peut parler de phobie. Il s'agit dans ce cas d'une sous-catégorie des phobies dites spécifiques, telles que l'arachnophobie (la peur des araignées) ou la nanopabulophobie (la peur des nains de jardin à brouette !).

Vous l'aurez compris, il existe des phobies pour tout, donc rien de surprenant à ce que celle de perdre son téléphone existe. Néanmoins, la nomophobie semble être plus complexe, et comme pour beaucoup d'autres manifestations de l'hyperconnexion, elle intègre ou révèle différents phénomènes.

**Le saviez-vous ?**

*65 % des Français se considèrent dépendants de leur smartphone.*

*– ENQUÊTE IFOP POUR AGIR POUR L'ENVIRONNEMENT, 2024.*

**EN 2016, IL A ÉTÉ MESURÉ QUE NOUS POSONS LE DOIGT SUR NOTRE SMARTPHONE EN MOYENNE 2 617 FOIS PAR JOUR, ET PLUS DE 5 000 FOIS POUR LES PLUS TACTILES D'ENTRE NOUS !**

*– ÉTUDE MOBILE TOUCHES DSCOUT, 2016.*

Addiction, phobie sociale, estime de soi, peur de la solitude ou simplement habitude, il s'agit souvent d'un mélange de plusieurs facteurs dont la pondération respective fait encore l'objet de recherches.

On retrouve des effets de l'hyperconnexion en général et de la nomophobie en particulier à de multiples niveaux, tant mentaux que physiques.

Les résultats d'une expérience amusante ont été publiés en 2015[14]. On a demandé à des utilisateurs d'iPhone d'accomplir des grilles de « mots cachés » tout en empêchant les participants de répondre à leur smartphone lorsqu'il sonnait. Les chercheurs ont alors mesuré une augmentation du rythme cardiaque et de la tension artérielle ainsi que du sentiment d'anxiété des cobayes. Ne pas pouvoir se saisir de son téléphone lorsqu'il nous appelle entraîne des effets négatifs à la fois physiologiques et cognitifs.

Notre smartphone représenterait une extension de nous-mêmes, un doudou qui nous rassure, voire « un cordon ombilical qui relie l'infrastructure digitale de notre société d'information à nos propres corps[15] » pour citer certains experts. Ce n'est pas rien. Le smartphone nous semblerait comme l'unique moyen de nous connecter aux autres et de ne plus nous sentir seuls. Les études montrent que nous avons développé un attachement fort à cet appareil, à la fois physique et émotionnel.

Comme pour toutes les choses ou personnes auxquelles nous sommes très attachés, il nous est difficile de nous en séparer : cela crée de l'anxiété, d'autant plus que nous entretenons un rapport presque intime avec cet objet.

---

14. R. Clayton *et al.*, « The extended iSelf: the impact of iPhone separation on cognition, emotion, and physiology », *Journal of Computer-Mediated Communication*, mars 2015.

15. J. Harkin, *Mobilisation: The growing public interest in mobile technology*, 2003, Demos, p. 16.

Entre tap, swap ou clic, on peut parler d'un rapport presque charnel avec nos téléphones. En tout cas, il s'agit d'une relation qui visiblement nécessite un certain doigté. On le touche, on lui parle, on le porte, il nous accompagne sur notre table de nuit, dans notre sac à main, dans notre poche, sur notre bureau ou encore au restaurant. Il contient tous nos contacts, les coordonnées de nos proches, nos conversations, des plus formelles aux plus intimes, toutes nos photos et vidéos personnelles (voire parfois très personnelles). Il n'est pas étonnant que nous ayons si peur de le perdre. Ce qui est intéressant, c'est que, bien que nous sachions tous combien il est présent dans nos vies, nous sommes loin d'imaginer à quel point nous interagissons avec cet objet au cours de nos journées.

Notre perception de ce rapport est très largement sous-estimée. Nous avons, en général, de grandes difficultés à évaluer de façon correcte le temps que nous passons sur nos téléphones, ou combien de fois nous le saisissons par jour[16].

Notre usage nous paraît faible car il est dispersé, saupoudré tout au long de la journée, du réveil au coucher, réduit en de micro-tapotements, micro-interactions, qui prises individuellement semblent fugaces et anodines, mais qui additionnées représentent un temps très significatif.

La plupart des données accessibles concernant le temps passé sur les téléphones sont issues d'enquêtes, et donc de déclarations faites par les participants. Il est donc très difficile d'avoir accès à des mesures précises de nos usages et les chiffres varient fortement d'une étude à l'autre.

---

16. P. Coyne *et al.*, « A comparison of self-report and objective measurements of smartphone and social media usage », *Telematics and Informatics Reports*, juin 2023.

En revanche, ce que l'on observe c'est que cette durée augmente d'année en année. Cette augmentation est l'élément clé à avoir en tête, car notre journée, elle, fait 24h, et cette durée n'augmentera jamais. Il est donc légitime de se poser cette question : A quoi et à qui voulons-nous confier ce temps si précieux ?

En 2016, en Californie, une application avait été installée sur les téléphones des étudiants afin de mesurer leur usage. Résultat : les étudiants consultaient leur téléphone 60 fois par jour[17], pour un total de 220 minutes. Ce qui, en comptant 8 heures de sommeil, représente une prise en main du téléphone toutes les 15 minutes pendant 4 minutes ! Un an plus tard, le nombre de consultations reste similaire, mais la durée totale a augmenté pour passer à 262 minutes, soit 42 minutes de plus, en moyenne, passées au cours de la journée sur le smartphone. En tête de cette durée, des plateformes de réseaux sociaux : YouTube, Facebook, Instagram et Snapchat.

### → De belles promesses...

Les réseaux sociaux sont en effet les plateformes sur lesquelles nous sommes tentés de passer le plus de temps et celles qui sollicitent le plus notre anxiété, tout comme notre plaisir. Ces réseaux ont pour promesse de connecter les humains entre eux, et le temps que nous y passons révèle que nous sommes à la recherche de ces contacts, bien que virtuels.

Dès l'Antiquité, Aristote affirmait que l'être humain est avant tout un animal social, et il est certain que s'il publiait aujourd'hui ceci sur son Instagram, il récolterait bon nombre de « likes ». Ce que l'on observe à notre époque, c'est que la promesse

---

17. L. Rosen, « The distracted student mind – Enhancing its focus and attention », *Phi Delta Kappan*, septembre 2017.

L'*OVERSHARING* DÉSIGNE NOTRE DÉSIR PRESQUE IMPÉRIEUX DE VOULOIR PARTAGER TOUT CE QUE NOUS VOYONS, VIVONS, RESSENTONS AVEC LE RESTE DU MONDE. "*SHARING*" POUR PARTAGE, ET "*OVER*" POUR TROP OU PLUS QUE NÉCESSAIRE.

de se connecter virtuellement nous semble de plus en plus séduisante et sans doute plus confortable. La question est : ces connexions virtuelles sont-elles d'aussi bonne qualité que celles en face à face ? Sont-elles aussi bénéfiques pour nous ?

## *L'OVERSHARING*

**Au cœur de ce phénomène se trouvent les réseaux sociaux, basés sur le principe de flux. Chacun peut y apercevoir les publications des autres.**

Ils offrent un moyen plus simple de partager une image, une pensée ou une vidéo à un groupe de personnes que de les contacter individuellement. En contrepartie, nos publications sont alors mélangées à toutes les autres dans cet écoulement permanent et se déversent comme un fleuve où il faut parfois faire preuve d'habileté pour rester à la surface et être visible.

### → « Je ne vois rien ! Les smartphones me bloquent la vue. »

Fini le temps des briquets levés en concert, place aux smartphones ! Portés à bout de bras, en mode caméra, des centaines, voire des milliers de personnes tentent d'enregistrer le concert où elles se trouvent pourtant en chair et en os. Personne n'est dupe, la qualité de l'enregistrement sera médiocre, l'image mal cadrée, tremblante, le son saturé et inaudible, mais quand bien même ! Il ne faut surtout pas rater cette occasion d'enregistrer ce souvenir, pour le publier et le partager. Certains artistes n'en peuvent plus, et commencent même à interdire les téléphones pendant leurs spectacles, comme l'humoriste Florence Foresti en

**POUR TIKTOK, CELA REPRÉSENTE UNE AUGMENTATION DE 263 % ENTRE 2019 ET 2024.**

*– SOURCE : DÉCLARATION DE TRANSPARENCE DE TIKTOK SUR LA PÉRIODE AVRIL-JUIN 2024.*

France « pour éviter les enregistrements pirates et assurer le lien avec les spectateurs ».

Même situation à la plage : les photos des enfants en train de faire leur château de sable ont laissé place à des images de nos jambes et pieds sur le sable. L'objectif n'est plus tourné vers les autres, mais vers soi, pour se mettre en situation dans un contexte que l'on veut absolument montrer.

### → « On n'a jamais autant vu de photos de spaghettis bolognaise que sur Instagram ! »

Encore plus fort. Un ami m'a récemment raconté une anecdote. Alors qu'il est au restaurant en rendez-vous professionnel, une personne se présente à lui et l'interrompt dans sa discussion pour lui demander si elle peut prendre sa pizza en photo. L'explication : elle avait fini la sienne et avait oublié de la prendre en photo pour son compte Instagram. Elle ne pouvait décemment pas quitter le restaurant sans avoir un cliché parfaitement scénographié avec l'assiette, la pizza, l'huile piquante et le verre, le tout avec le filtre adéquat. Comble de l'ironie, mon ami interrompu n'était autre que Vincent Dupin, fondateur d'une agence de voyages spécialisée dans les séjours de détox digitale !

Concerts, voyages, nourriture, les occasions ne manquent pas de partager avec tous ceux qui nous entourent virtuellement ce que nous vivons, ressentons, expérimentons. Toutefois, l'idée d'*oversharing* va plus loin. C'est l'idée que nous partageons davantage sur internet nos sentiments, nos opinions, voire notre sexualité que nous ne l'aurions fait en face à face dans la vie réelle. D'une certaine manière, la façon dont nous nous représentons est devenue beaucoup plus publique, en particulier sur ce qui était autrefois considéré comme privé.

**SI LE NUMÉRIQUE ÉTAIT UN PAYS, IL AURAIT ENVIRON 2 À 3 FOIS L'EMPREINTE CARBONE DE LA FRANCE.**

*— SOURCE : F. BORDAGE, EMPREINTE ENVIRONNEMENTALE DU NUMÉRIQUE MONDIAL, GREEN IT, 2019.*

### ➜ « Pour la nouvelle année, je te souhaite d'avoir une vie aussi belle que celle que tu affiches sur les réseaux sociaux ! »

En 1959, le sociologue Erving Goffman a publié un ouvrage intitulé *La Mise en scène de la vie quotidienne*[18]. Dans ce livre, une référence en sociologie, il utilise la métaphore dramaturgique et nous annonce sans détour que le monde social est un théâtre dont nous sommes tous des acteurs. L'interaction serait une représentation et nous participerions tous à une mise en scène. Nous jouons donc un personnage, selon les lieux, les contextes et les autres figurants, et avons à l'esprit de soigner les apparences, suivant que nous sommes sur scène ou en coulisses.

Ce concept de présentation du soi est encore plus vrai à l'époque du digital, peut-être même facilité. Cependant, attention, alors que l'espace privé des coulisses nous permettait de retirer le masque temporairement, de nous relâcher et d'être nous-mêmes quelques instants, que devient-il si nous le laissons être envahi par cette scène digitale que sont les réseaux sociaux ?

18. E. Goffman, The Presentation of self in everyday life, Anchor Books, 1959. Traduction française d'A. Accardo parue en 1973 aux Éditions de Minuit.

## LE FOMO

**FOMO est l'acronyme en anglais de *fear of missing out*, autrement dit : la peur de passer à côté de quelque chose, de manquer une information, une actualité, une opportunité, une chance, une occasion, un événement…**

Cette forme d'anxiété sociale est au cœur de bon nombre des problèmes d'hyperconnexion et en révèle sans doute les éléments les plus désagréables et inconfortables.

L'une des raisons principales pour lesquelles nous passons tant de temps à consulter les mails accumulés durant le week-end (quand nous avons réussi à nous déconnecter) ou nos notifications Facebook, Twitter, Instagram pour ne citer qu'eux, est la peur de rater une information importante. Nous avons l'idée que quelque chose ait pu se passer dans la vie des autres ou qu'un événement exceptionnel ait pu survenir, que tout le monde soit au courant, sauf nous.

Tout d'abord, le FOMO est lié à la tension entre deux phénomènes : d'une part l'augmentation croissante des informations, l'explosion des opportunités qui nous sont offertes par les réseaux sociaux (d'interactions, d'événements, de rencontres, de débats, de réactions…) et d'autre part les contraintes pratiques de nos vies en matière de faisabilité et de temps disponible, qui lui reste constant. De cette incompatibilité naît forcément une certaine frustration.

Le FOMO se caractérise par l'envie d'être en permanence connecté à ce que vivent les autres, d'être au courant des événements qui rythment leur vie et de pouvoir y réagir pour témoigner notre prise en compte. Finalement, rien de bien nouveau, me direz-vous. Nous avons toujours eu cette envie forte de savoir ce qui se passait dans la vie de nos proches, de nos amis ou de notre famille, et de partager leurs joies comme leurs peines. Seulement, les choses ont un peu changé.

### → « Tu n'as que 500 followers ? »

Le cercle des personnes avec qui nous sommes en « interaction sociale » a considérablement évolué. Les réseaux sociaux ont diminué ce que l'on pourrait appeler « le coût d'admission ». Faire partie d'un groupe social, que ce soit une société secrète, une équipe de sport ou simplement un groupe d'amis, demande souvent une sorte de coût d'admission, d'effort, de temps passé à mieux se connaître, de partage de valeurs ou d'opinions, une sélection plus ou moins explicite et plus ou moins consciente.

Plus concrètement, imaginez-vous aller demander à une personne que vous venez de rencontrer, de façon très directe en face à face, si vous « pouvez être son ami » ? Ou si vous pouvez « la suivre » ? Aujourd'hui, il suffit d'un clic et, inutile de se voir ou de se parler, le clic ou le swap suffit, bien assis dans son canapé.

### → « Il est tard, je ne scrolle pas plus d'une demi-heure », a-t-il dit il y a trois heures

Le nombre de personnes dont nous recevons toutes ces informations personnelles est donc d'un ordre de grandeur totalement différent et, sous l'effet de l'*oversharing,* les informations partagées sont plus nombreuses, de types beaucoup plus variés et à l'importance souvent discutable. L'augmentation du nombre de personnes avec qui nous sommes en contact, multipliée par la quantité de données que chacun partage, fait que nous nous retrouvons littéralement submergés par le flux d'informations à suivre. Il est naturel, si l'on désire être au courant de tout, que l'on soit frustré et anxieux à l'idée de ne pas être en mesure de le faire, puisque l'explosion du volume de données rend cela tout simplement impossible, ou faisable au prix d'un nombre incalculable d'heures passées à suivre ces réseaux sociaux.

Le FOMO révèle une autre problématique : la crainte que les autres soient engagés dans des activités positives dont nous serions absents. Nous avons tous envie de partager les événements que vivent nos proches, d'être connectés socialement aux autres et d'avoir des interactions plus profondes et de qualité avec autrui. Nous voulons faire partie d'un collectif. Ce sont des besoins tout ce qu'il y a de plus naturel, que nous ressentons tous selon différentes intensités ou de différentes manières.

### ➜ « Tu ne le savais pas ? »

Les réseaux sociaux représentent précisément cette promesse de ne rien manquer de ce qui se passe dans la vie de nos « amis » ou de ne pas passer à côté de l'actualité, et cela crée un véritable cercle vicieux. Nous nous inscrivons à un nouveau réseau social pour être certains de ne

**45 % DES FRANÇAIS UTILISENT LEURS SMARTPHONE, ORDINATEUR OU TABLETTE LE SOIR DANS LEUR LIT.**

*– INSTITUT NATIONAL DU SOMMEIL ET DE LA VIGILANCE AVEC LA MGEN, 2021.*

rien manquer, et nous augmentons ainsi encore le nombre de canaux, la quantité d'informations ainsi que les sources d'insatisfaction. **En effet, plus nous essayons de ne rien manquer et moins nous avons le temps de le faire...**

Comble de l'ironie, les informations que nous ne ratons pas sont celles qui nous montrent des situations idéalisées, souvent mises en scène ou du moins présentées suivant le meilleur angle possible. Elles nous renvoient à notre propre frustration, accentuant d'autant plus notre « peur de rater quelque chose ». Alors, finalement, de peur de passer à côté de ce que vivent ou nous annoncent les autres, n'est-ce pas à côté de notre propre vie que nous risquons de passer ?

## LE PHUBBING

**Contraction des mots *phone* et *snubbing*, le terme *phubbing* représente l'action de concentrer son attention sur son smartphone en lieu et place de son interlocuteur, bref, de l'ignorer.**

Cela pourrait être traduit en français par « télé-snobisme ». Nous avons tous fait l'expérience de ce phénomène, dans un restaurant, dans une salle de réunion, entre amis, entre collègues, en famille et même en couple.

Dégainé lors d'une conversation pour répondre à une notification, saisi fortement entre nos pouces pour nous sauver d'un moment de silence ou tout simplement gardé près de soi, bien à portée de main lors d'un rendez-vous, le smartphone a pris une place centrale dans nos situations d'interactions sociales.

Comble de l'ironie, c'est précisément pour interagir avec nos connaissances ou nos proches que nous utilisons avec tant de plaisir nos smartphones. C'est pour être avec eux que nous allons les retrouver autour d'une table ou sur un banc. Pourtant, nous voyons, lorsque nous levons les yeux, de plus en plus de smartphones entre les mains de nos congénères dans des situations qui étaient auparavant dédiées intégralement à l'interaction sociale. À tel point que des chercheurs en sociologie et en comportement décrivent le *phubbing* comme étant devenu une norme sociale et qu'il fait l'objet d'un nombre croissant de recherches.

## Le saviez-vous ?

*En 2015, une étude menée auprès de plus de 3 000 Américains[19] a révélé que presque 9 personnes sur 10 avaient rapporté avoir utilisé leur smartphone lors de leur dernière activité sociale.*

Ce qui n'est pas surprenant, étant donné que nous passons aujourd'hui en moyenne presque six heures par jour sur nos smartphones. Les étudiants seraient les champions avec neuf heures quotidiennes sur leurs appareils !

On peut donc se demander pourquoi et comment nous en sommes arrivés à cette situation et si elle présente des conséquences néfastes. En effet, si nous avons aussi rapidement laissé ce phénomène entrer dans notre quotidien et nos comportements, c'est probablement parce que nous y trouvons un avantage (sensation de ne rien rater, fait de combler les temps morts d'une conversation, impression d'être toujours en lien avec un amoureux ou un ami…). Néanmoins, les études montrent les effets négatifs du *phubbing* sur nos relations sociales.

19. L. Rainie & K. Zickuhr, « Americans' View on Mobile Etiquette », *Pew Research Center*, 2015.

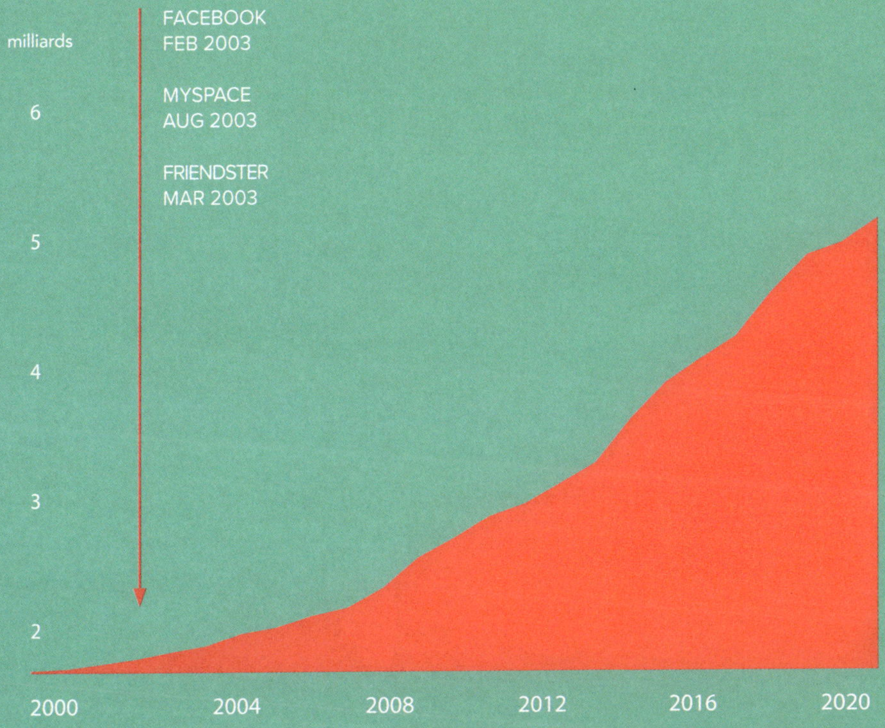


**EN 2024 ON A PASSÉ LA BARRE DES 5 MILLIARDS D'UTILISATEURS SUR LES RÉSEAUX SOCIAUX.**

*— SOURCE : WE ARE SOCIAL, 2024.*

PRÈS DE LA MOITIÉ DES PERSONNES EN COUPLE DÉCLARENT AVOIR ÉTÉ PHUBBÉES, AUTREMENT DIT IGNORÉES PAR LEUR PARTENAIRE AU PROFIT DE LEUR SMARTPHONE[20].

20. J. Roberts & M. E. David, *Computers in Human Behavior*, 2016.

### ➜ « Mon conjoint n'a d'yeux que pour son smartphone ! »

Prenons l'exemple d'une relation de couple. Selon les spécialistes, pour qu'une relation de couple soit mutuellement satisfaisante, chaque partenaire doit être présent pour l'autre. Cette présence n'est pas seulement physique, mais également mentale. En effet, il n'est pas suffisant de se trouver simplement au même endroit, une connexion entre les partenaires doit avoir lieu.

Cela nécessite naturellement toute notre attention. La nécessité de la présence réciproque nous paraît une évidence, et pourtant elle est perturbée lorsque nous détournons notre attention vers notre smartphone et que nous le laissons nous interrompre et nous distraire de ce qui compte le plus. **Il a été démontré que le *phubbing* augmentait l'insatisfaction dans le couple et était source de conflit.** Or, une insatisfaction au sein du couple a un impact très fort sur l'insatisfaction générale dans la vie.

### ➜ « Pardon, vous disiez ? »

Autre exemple bien connu, celui de la salle de réunion. Après avoir consacré les deux dernières semaines à préparer votre présentation, vous branchez le vidéoprojecteur (ce qui, même dans un monde hyperconnecté, s'avère toujours difficile) et démarrez votre exposé. Dans la salle, la moitié de vos collègues, les yeux rivés sur leur smartphone, lisent leurs mails ou autres flux d'informations capitales. Pire encore, levant les yeux, encore hagards, ils les dirigent vers vous et vous demandent si vous auriez l'amabilité de répéter ce que vous avez dit il y a cinq minutes. Or, au même titre que la relation de couple, les relations professionnelles doivent bénéficier d'une présence de qualité.

Il a récemment été mis en évidence[21] que le *phubbing* en milieu professionnel altérait la confiance d'un employé envers son supérieur et diminuait fortement son implication dans son travail. Or, la confiance est un aspect primordial dans la relation hiérarchique. Comme rappelé par les auteurs de l'étude, un supérieur est investi d'une autorité qui lui permet de prendre des décisions ayant des impacts forts sur ses collaborateurs et susceptibles d'influer sur l'équilibre vie personnelle/vie professionnelle (promotions, emploi du temps, salaire, licenciement). La confiance au sein de la hiérarchie est donc cruciale pour s'impliquer dans son travail et plus largement s'y épanouir.

**Le saviez-vous ?**

*Au-delà même du sujet des relations amoureuses et du contexte professionnel, le phubbing, qui nous semble si anodin, pourrait affecter bien d'autres aspects, tels que la perception du respect que l'on porte à nos interlocuteurs, son estime de soi ou tout simplement le sentiment d'avoir été offensé par une indifférence affichée.*

21. J. A. Roberts & M. E. David, « Put down your phone and listen to me: How boss phubbing undermines the psychological conditions necessary for employee engagement », *Computers in Human Behavior*, vol. 75, 2017, p. 206-217.

De manière générale, les recherches sur le phubbing montrent, quel que soit le contexte, aussi bien dans la sphère personnelle que professionnelle, que le phubbing a des effets néfastes. Il génère des émotions négatives et du ressentiment[22], donne aux gens l'impression que leurs échanges sont de moins bonne qualité[23], et diminue la confiance qu'on peut avoir avec son interlocuteur[24]. Les mécanismes qui sous-tendent ces effets font encore l'objet de recherches.

Ceci n'est pas à prendre à la légère, car la qualité des relations sociales est une dimension essentielle à la santé et au bien-être des humains.

22. A. Guazzini *et al.*, « An explorative model to assess individuals' phubbing risk », *Future Internet*, 2019.

23. L. Rainie & K. Zickuhr « Americans' views on mobile etiquette », *Pew Research Center*, août 2015.

24. M. V. Abeele *et al.*, « The effect of mobile messaging during a conversation on impression formation and interaction quality », *Computers in Human Behavior*, volume 62, septembre 2016.

# Les conséquences de l'hyperconnexion

## LES CONSÉQUENCES ENVIRONNEMENTALES

**Notre hyperconnexion n'a pas que des conséquences sur notre cerveau et notre santé, mais aussi sur l'environnement. Nous arrivons à nous figurer notre consommation de papier ou d'électricité à notre domicile, mais lorsqu'il s'agit d'internet, tout cela nous est invisible !**

Envoyés dans les airs par le wifi, transportés jusqu'au *cloud*, nos mails et autres documents nous semblent éthérés et sans aucun effet. Pourtant, la dématérialisation de nos moyens de communication est-elle vraiment plus écologique ?

Dans son rapport de 2017 sur ce sujet, Greenpeace a évalué que toute l'énergie nécessaire à la mise en place et à l'utilisation de nos réseaux numériques, depuis la fabrication des dispositifs et l'alimentation des serveurs jusqu'à l'utilisation de nos ordinateurs, représentait 7 % de la consommation d'énergie mondiale en 2012, et qu'elle atteindrait 12 % en 2017. Toujours en 2012, la consommation totale était déjà deux fois supérieure à celle du Japon ! Malheureusement, la situation ne s'est pas arrangée depuis, bien au contraire.

D'où vient cette consommation ? D'une part de l'infrastructure de nos réseaux et d'autre part de nos usages personnels.

# CONSOMMATION D'ÉLECTRICITÉ : PAYS COMPARÉS AU SECTEUR DES TECHNOLOGIES DE L'INFORMATION (EN MILLIARDS DE KWH)

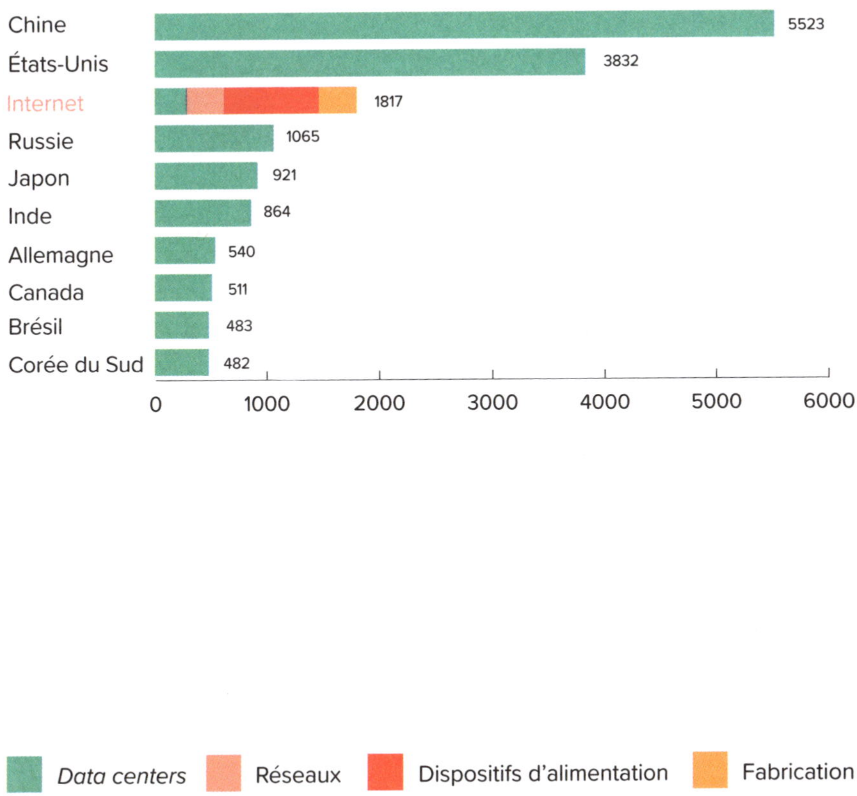


*– GREENPEACE, « CLICKING CLEAN: WHO IS WINNING THE RACE TO BUILD A GREEN INTERNET », 2017.*

Bien entendu, les deux sont liés car les infrastructures doivent sans cesse s'adapter à la croissance de notre usage, ainsi qu'à l'augmentation de notre temps connecté, de nos envois de mails, etc.

Prenons l'exemple des mails. La première chose à laquelle on pense concernant l'impact du numérique, lorsqu'on utilise notre ordinateur, ou lorsqu'on charge notre téléphone, c'est l'électricité.

En 2011, l'ADEME avait publié un rapport révélant que l'envoi d'un mail pouvait correspondre à l'émission de 20 g de $CO_2$! Pour une entreprise de cent personnes en France, cela équivaudrait à 13,6 tonnes de $CO_2$ émises par an, en ne comptant que les mails, soit environ à 102000 km parcourus en voiture!

Cette estimation avait été faite en appliquant la méthodologie de l'analyse du cycle de vie (ACV), mais elle est évidemment bien plus complexe dans le cas des mails. En effet, l'estimation avait été réalisée pour un mail avec une pièce jointe de 1 Mo, ce qui est assez rare, et le calcul lui-même n'était pas totalement détaillé. En réalité, tout dépend du type d'mail, de la taille des pièces jointes, ou encore du nombre de destinataires. Chaque utilisation que nous faisons de nos outils, que ce soit pour lire nos mails, consulter nos réseaux sociaux, écouter de la musique ou regarder un film, nécessite un apport en électricité. Enfin, tout dépend du mix énergétique qui nous fournit cette électricité. Selon les pays, les sources d'électricité seront plus ou moins carbonées. Par exemple, aux États-Unis, plus de la moitié de l'électricité provient de combustibles fossiles (gaz et charbon), en France, c'est moins de 2 %! Les émissions de gaz à effet de serre pour une même consommation électrique n'ont donc rien à voir.

– SOURCE : ADEME ET ARCEP, 2023.

## → Le *cloud*, un nuage de $CO_2$ ?

Au cœur de cette consommation d'énergie et de ces émissions de gaz à effet de serre se trouve un élément central des infrastructures d'internet aujourd'hui : les *data centers*. Ces immenses entrepôts où sont stockés à perte de vue des serveurs informatiques et leurs nombreux disques durs sont de gros consommateurs en énergie. En effet, sans eux, pas de *cloud*, ni de mails, ni de sites internet. Ils stockent, ils traitent, ils mettent à disposition et rendent accessible l'information.

Les *data centers* fonctionnent vingt-quatre heures sur vingt-quatre et sept jours sur sept. Ils génèrent une très forte chaleur, dangereuse pour leur électronique. Ce sont donc les immenses climatisations qui représentent la majeure partie de leur consommation électrique, et comme ce besoin en énergie est constant, ce sont essentiellement les hydrocarbures et le nucléaire qui les alimentent. Cerise sur le gâteau, les données sont stockées de manière redondante pour assurer leur sauvegarde, et chaque copie multiplie cette consommation. D'une surface parfois équivalente à trois terrains de football, les *data centers* sont gigantesques. La consommation d'un seul de ces centres peut égaler celle d'une ville comme Bordeaux. **On estime que les services numériques, incluant les *data centers*, consomment entre 6 et 10 % de l'électricité mondiale[25].**

Au-delà des mails et des requêtes sur les moteurs de recherche, ce sont les volumes d'information échangés et la fréquence à laquelle nous y accédons qui conditionnent la consommation grandissante de ces centres dans l'avenir.

25. M. Strictot, « Penser des data centers moins énergivores », *Le Journal du CNRS*, septembre 2023.

## CIRCULATION DES DONNÉES PAR TYPE D'APPLICATION (EXAOCTETS MENSUELS, PROJECTION POUR 2020)

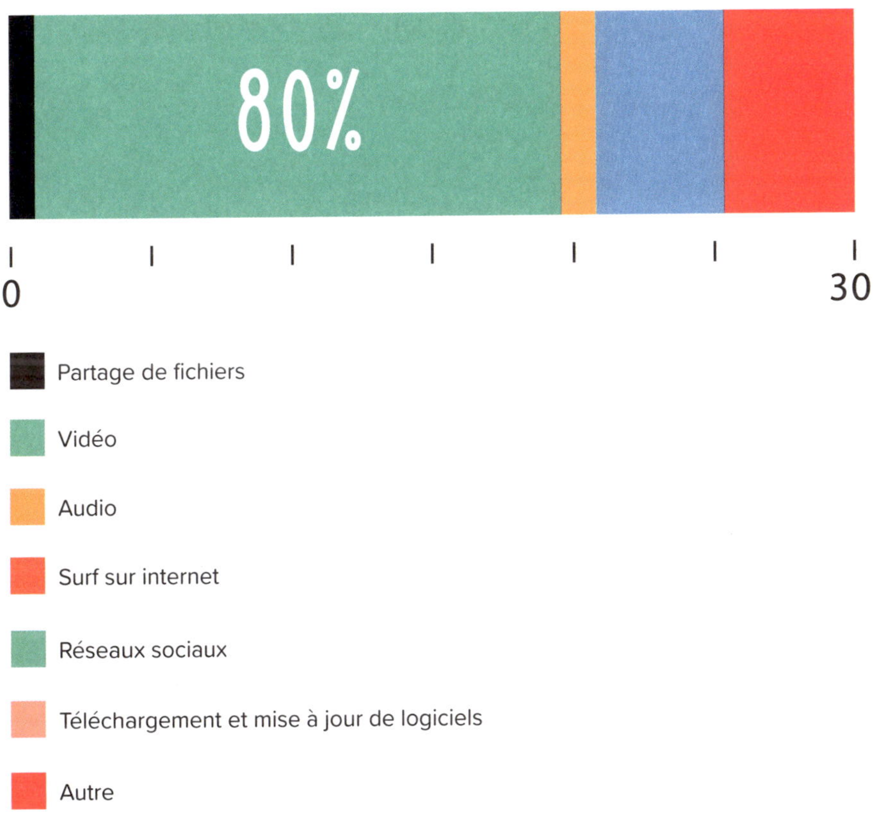


*– GREENPEACE, « CLICKING CLEAN: WHO IS WINNING THE RACE TO BUILD A GREEN INTERNET », 2017.*

Ce sont les plateformes de vidéos en *streaming* qui représentent la plus forte croissance en matière de trafic mobile et donc d'impact environnemental possible.

Chaque site ou application mobile prend en compte à sa manière, ou non, son impact environnemental, certains faisant plus d'efforts que d'autres sur le choix des sources d'énergie utilisées. Les informations pour chacun d'entre eux sont disponibles sur le site dédié de Greenpeace : www.clickclean.org. On y découvre par exemple que Twitter /X n'utilisait, en 2017, que 10 % d'énergies renouvelables.

En plus de l'énergie consommée pour la production de l'équipement et de l'électricité, ainsi que pour le refroidissement des *data centers*, ces centres consomment beaucoup d'eau. **On estime qu'un internaute, en plus des 200 kg de gaz à effet de serre que son utilisation produit, consomme chaque année 3 000 litres d'eau[26] par son usage numérique.**

10 % de la consommation électrique française est liée aux services numériques.
Néanmoins, selon l'ADEME[27], contrairement à ce que l'on pourrait penser, ce n'est pas la consommation électrique de nos dispositifs qui est le plus responsable de leur empreinte carbone, mais leur fabrication, et cela à hauteur de presque 80 % !

26. F. Bordage, Green IT, mai 2015.

27. *Évaluation de l'impact environnemental du numérique en France et analyse prospective à 2030 et 2050*, ADEME et Arcep, 2023.

Qu'est-ce que cela signifie ?
Alors que nous ne l'avons même pas utilisé, avant même que nous déballions notre appareil tout neuf de son bel emballage, qu'il s'agisse d'un smartphone, d'une télévision ou d'un ordinateur, il aura déjà produit 80 % des émissions de gaz à effet de serre de tout son cycle de vie. Son utilisation, en tant que telle, ne représente que les 20 % restants.

Ce n'est pas tout !
Pour fabriquer nos précieux téléphones et autres composants électroniques, nous avons besoin d'aller puiser dans les réserves terrestres de métaux et minéraux, par exemple le cuivre, le cobalt ou encore le lithium. Ces ressources sont par définition épuisables, il est impossible d'en renouveler les stocks. Il s'agit donc de ressources critiques, puisqu'indispensables à la fabrication de l'ensemble des outils numériques produits dans le monde, et sur lesquels repose en grande partie le fonctionnement de nos civilisations de plus en plus technologiques.

Il est donc plus qu'urgent de prendre des mesures pour réduire nos besoins et augmenter la durée de vie de ces équipements.

## LES CONSÉQUENCES CÉRÉBRALES

**Nous voyons notre cerveau comme une machine hautement sophistiquée, presque magique, capable des opérations et des traitements les plus compliqués.**

Néanmoins, aussi robuste et perfectionné qu'il soit, il possède aussi ses limites et ses failles. Il ne peut pas traiter une source infinie d'informations en temps réel et nous les rendre conscientes dans leur intégralité.

L'une des plus grandes activités de notre cerveau consiste à filtrer cette cascade d'informations et de stimuli qui nous inonde, et de nous en fournir la fraction la plus utile. Pour ce faire, il utilise une fonction très commode et précieuse : l'attention.

L'attention est ce qui nous permet de nous « fixer », de donner plus de poids à un bruit, une parole, une image, alors que nous ne bougeons ni notre regard ni aucune autre partie de notre corps. C'est comme si c'était notre esprit que nous tournions dans telle ou telle direction afin de mieux entendre une conversation malgré le bruit ambiant, de mieux voir un détail dans une peinture tout en ayant une vue globale de l'œuvre ou d'écouter cette basse qui nous anime tant au sein d'une composition musicale plus richement orchestrée.

Plus largement, c'est ce à quoi nous faisons attention qui sera au cœur de notre perception du monde et de ce qui nous entoure. À l'inverse, ce à quoi nous ne faisons pas attention pourrait nous être totalement invisible.

**UNE ÉTUDE RÉALISÉE SUR 10 904 JEUNES DE 14 ANS AU ROYAUME-UNI MONTRE UNE CORRÉLATION ENTRE LE TEMPS PASSÉ SUR LES RÉSEAUX SOCIAUX ET LE % DE DÉPRESSION, AVEC UN EFFET PLUS FORT CHEZ LES FILLES.**

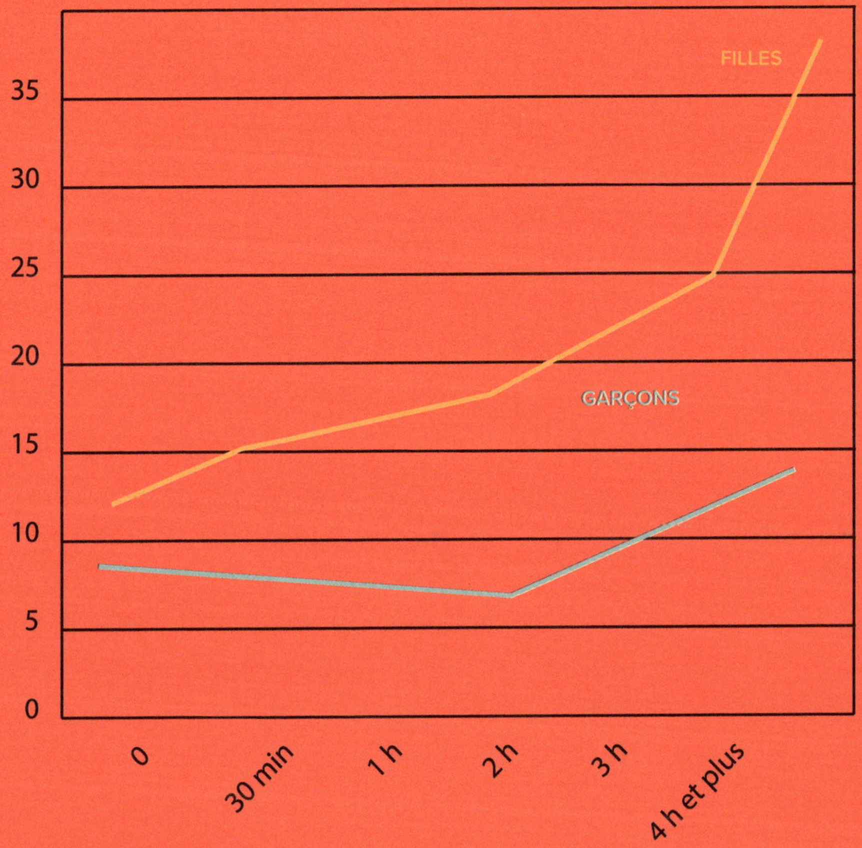


— SOURCE : Y. KELLY ET AL., « SOCIAL MEDIA USE AND ADOLESCENT MENTAL HEALTH: FINDINGS FROM THE UK MILLENNIUM COHORT STUDY », ECLINICALMEDICINE, VOL. 6, JANVIER 2019.

Ce n'est pas par hasard si le détournement d'attention est l'une des techniques les plus utilisées par les prestidigitateurs, sans doute les plus grands spécialistes dans ce domaine ! En orientant notre attention à leur convenance sur une action donnée, ils en dissimulent une autre. Ils tirent ainsi profit d'une limitation de notre cerveau, pour notre plus grand plaisir.

### ➜ « Un peu d'attention, s'il vous plaît ! »

Jean-Philippe Lachaux, neuroscientifique spécialiste de l'attention, la qualifie de la plus belle façon qui soit : « Faire attention à un objet, à une scène ou à un être, c'est le faire exister dans le champ de son expérience sensible, c'est lui donner vie[28]. » Notre attention serait donc la pierre angulaire de notre perception du monde et de ce qu'il contient, autant les objets que les êtres vivants. C'est par notre attention que nous conférons une existence cognitive à ce qui nous entoure. Pas étonnant alors qu'elle soit si précieuse, à tel point qu'elle est devenue l'une des ressources les plus convoitées de notre époque.

En effet, nous recherchons tous l'attention des autres. Notre professeur veut notre attention, nos parents veulent notre attention, notre conjoint veut notre attention, nos enfants veulent notre attention, même mon chat veut mon attention ! Cela est naturel, puisque l'attention est ce qui nous confère une existence dans l'esprit de l'autre, et exister est un des besoins les plus fondamentaux.

---

28. J. P. Lachaux, *Le Cerveau attentif*, Odile Jacob, 2013.

# EMPREINTE CARBONE DU NUMÉRIQUE EN FRANCE

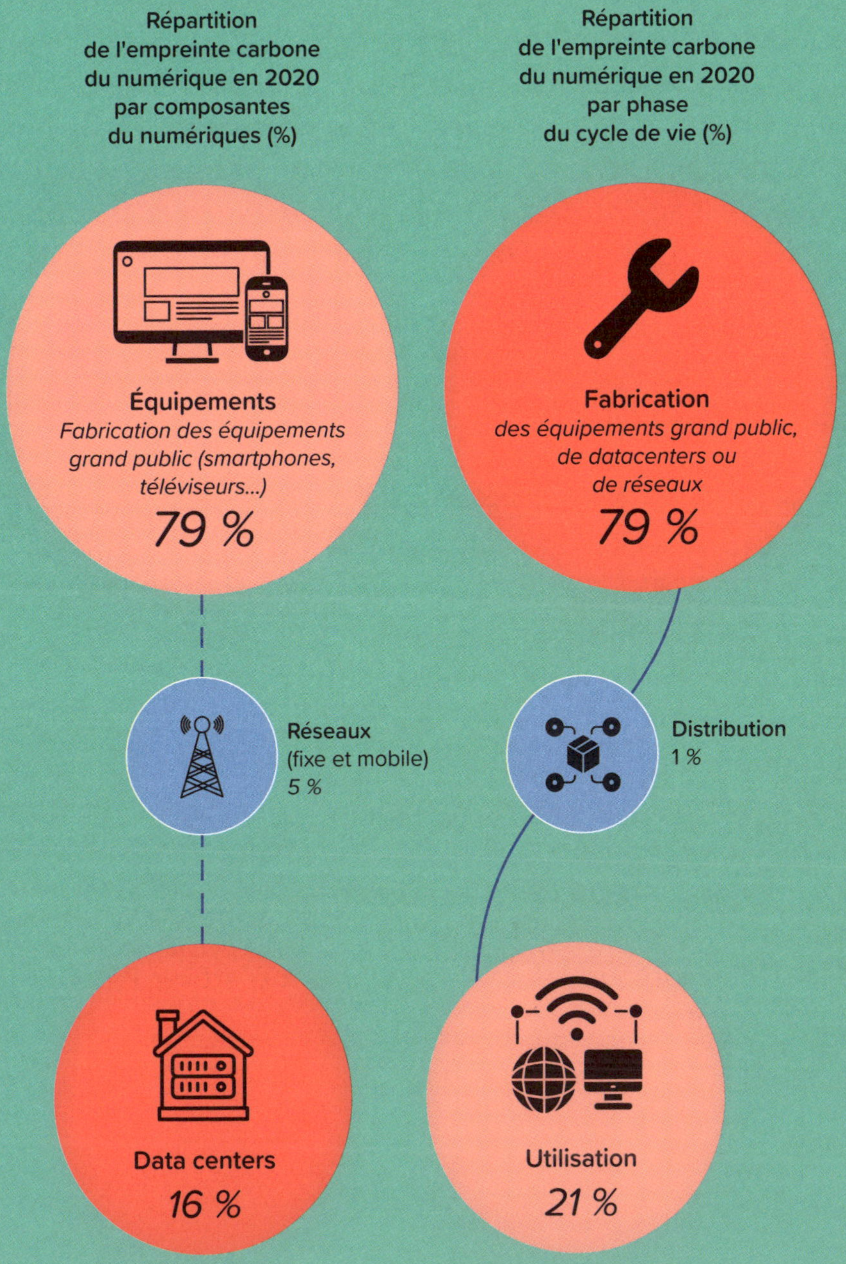


— SOURCE : ADEME ET ARCEP, 2023

Ceci n'est pas apparu avec internet et l'avènement du numérique. L'importance de l'attention dans nos vies n'est pas quelque chose de récent, loin de là. Ce qui a fortement changé, c'est le nombre de sollicitations. Comme nous l'avons vu, la quantité d'informations qui nous est destinée a considérablement augmenté, ainsi que le nombre de canaux par lesquels elle peut nous atteindre (mails, messagerie instantanée, réseaux sociaux...). Nous avons vu que par notre participation à l'infobésité et à l'*oversharing*, par exemple, nous sommes en partie responsables de cette profusion et de cette surstimulation. Mais notre hyperconnexion n'arrive pas totalement par hasard : nous en portons la responsabilité, avec d'autres acteurs.

En effet, ce besoin d'exister à nos yeux de consommateurs est partagé également par les marques ou les annonceurs publicitaires en général. Ainsi, notre attention est l'objet de toutes les convoitises, une ressource à exploiter. C'est ce qu'on appelle l'« économie de l'attention ». L'objectif est simple : capter notre temps d'attention au maximum, pour qu'un message, une marque ou un produit puisse trouver une existence dans notre conscience, et ensuite sur notre liste de courses. L'économie de l'attention n'a pas non plus été inventée lors de l'arrivée d'internet, elle existe depuis la naissance de la publicité dans les années 1930, voire depuis des siècles lorsque les crieurs tentaient d'attirer l'attention des passants.

**LA SIMPLE PRÉSENCE DU SMARTPHONE SUR NOTRE BUREAU DIMINUE NOS CAPACITÉS COGNITIVES, EN PARTICULIER NOTRE MÉMOIRE DE TRAVAIL ET NOTRE CAPACITÉ À RAISONNER ET À RÉSOUDRE DES PROBLÈMES NOUVEAUX.**

– *JOURNAL OF THE ASSOCIATION FOR CONSUMER RESEARCH, 2017.*

### → « C'est combien, ce tee-shirt ? » « 13 minutes d'attention, monsieur. »

Toutefois, l'économie de l'attention a pris un essor unique dans l'histoire avec l'apparition d'outils destinés exclusivement à la capter, au même titre que les foreuses extraient le minerai toujours plus profond dans la croûte terrestre. Développeurs, ingénieurs, inventeurs rivalisent d'intelligence et d'astuce pour capter notre attention.

La meilleure invention en date : les réseaux sociaux. **Facebook, Google, Instagram : on pourrait percevoir ces outils comme des services gratuits, mais cela serait bien naïf.**

Quand bien même les outils qu'ils développent répondent à des besoins, le cœur du *business model* de ces grands acteurs est de vendre des espaces publicitaires. Ils sont donc conçus pour qu'on leur consacre un maximum de temps, et surtout un maximum d'attention. Nous payons ces services « gratuits » en offrant en retour notre attention. Elle est devenue une monnaie.

Seulement, notre attention est par nature une ressource limitée. Ne serait-ce que d'un point de vue temporel, nos journées ne durent que vingt-quatre heures. *A priori*, l'attention que nous serions prêts à offrir serait puisée uniquement dans notre temps libre, ce temps auparavant dédié à nos activités personnelles, hobbies ou interactions sociales. Alors, pour aspirer toujours plus de cette ressource si précieuse, les outils se sont développés pour atteindre de nouvelles nappes de gisement, comme notre temps de travail (*blurring*) notre temps de sommeil (*checking compulsif*), ou encore notre temps entre proches (*phubbing*).

À ce stade, on pourrait même se demander si notre attention ne commence pas tout simplement à s'épuiser et si cette ressource ne serait pas déjà déficitaire. Auquel cas, que se passerait-il si nous arrivions à épuisement de notre capacité d'attention, une fois cette dernière totalement absorbée ? Que nous resterait-il à offrir aux autres, et que leur resterait-il à nous offrir ?

## LE MYTHE DU MULTITÂCHE

**Avez-vous déjà entendu parler de la charge mentale ? Ce principe provenant de la sociologie a été présenté en 1984 par Monique Haicault.**

À l'époque, on parlait de charge mentale ménagère et elle concernait avant tout les femmes, plus exactement les femmes ouvrières. Ces dernières devaient à la fois gérer leurs tâches professionnelles tout en conservant leurs tâches familiales. On observait alors une réelle contamination croisée de ces deux sphères. Au bureau, l'esprit était envahi par la pensée de ce qui restait à faire une fois de retour à la maison, et inversement, le soir venu, ce qui devait être fait au travail leur revenait en tête. Bref, se retrouver à gérer mentalement des choses qui ne sont pas là où l'on se trouve physiquement. Cela vous rappelle quelque chose ?

### ➜ « Vous avez dit charge ou surcharge ? »

Oui, nous sommes bien dans ce cas, encore aujourd'hui. D'autant plus que cette possibilité à être mentalement dans l'accumulation des tâches à gérer est grandement facilitée par nos outils numériques et fortement encouragée par nos environnements professionnels. Nous sommes dans l'ère de la simultanéité. Or c'est précisément la simultanéité qui est au cœur de la charge mentale, puis de la surcharge mentale. **Depuis sa première description dans les années 1980, il est clairement observé que la charge mentale constitue une cause de stress, qui peut mener dans certains cas à un épuisement, en particulier lorsqu'elle s'inscrit dans la durée.**

Face à cette injonction de devoir traiter de front plusieurs tâches et d'optimiser notre temps, toujours emportés par l'objectif d'être productifs et efficaces, nous adoptons généralement la même solution : le multitâche. Faire plusieurs choses en même temps, le Graal de la productivité !

### → Le multitâche est un mythe !

Il est vrai que nous pouvons faire certaines choses en parallèle, comme siffloter en faisant du vélo ou manger du pop-corn en regardant un film, mais cela n'est possible que parce qu'il s'agit d'actions devenues automatiques.

En revanche, il est impossible pour notre cerveau de se concentrer sur deux choses simultanément. Cela pour une raison très simple : un même réseau de neurones, dédié à une fonction, est dans l'incapacité de faire deux choses à la fois. Lorsqu'on essaie de réaliser deux actions simultanément, cela ne peut réussir que s'il s'agit de deux réseaux de neurones qui fonctionnent indépendamment l'un de l'autre et ne se perturbent pas réciproquement. En effet, les différents réseaux à l'œuvre dans notre cerveau sont interconnectés et chacun peut agir sur un autre pour l'activer ou l'inhiber.

Lorsqu'il s'agit de se concentrer sur quelque chose (par exemple, nous essayons d'écouter ce qu'on nous dit tout en poursuivant la lecture de nos mails), nous n'actionnons pas deux réseaux totalement indépendants. Inconsciemment, notre cerveau va donc utiliser une stratégie qui consiste à passer rapidement d'une tâche à l'autre, comme un ping-pong, nous donnant l'illusion du multitâche, mais en aucun cas d'une réelle simultanéité. Or, cette concentration fractionnée, interrompue sans cesse pour passer d'une chose à une autre, n'est pas d'aussi bonne qualité que lorsque nous sommes volontairement concentrés sur la réalisation d'une chose et une seule.

## Le saviez-vous ?

*Pire encore, vouloir à tout prix fonctionner en multitâche peut créer une compétition entre des réseaux de neurones, augmenter les pertes d'énergie et entraîner de la fatigue, qui peut être une source de stress et une cause de problème plus large par la suite.*

Il a été démontré que la stratégie du *multitasking* diminuait les performances en mémoire de travail. On peut en faire l'expérience soi-même facilement, grâce à cet exercice cognitif donné en exemple dans le livre *The Distracted Mind*, d'Adam Gazzaley et Larry Rosen :

- Tout d'abord, comptez à haute voix de 1 à 10.

- Ensuite, toujours à haute voix, récitez les lettres de l'alphabet de A à J.

- Maintenant, combinez-les et récitez-les rapidement sous la forme : A1, B2, C3, etc. Toujours à haute voix.

Vous allez ressentir le ralentissement et la difficulté de vouloir combiner les deux actions. Réalisées séparément, elles étaient en fait plus rapides et plus simples. C'est le coût du « changement de tâche » qui s'opère dans votre cerveau.

Cette illusion du multitâche, nous la tirons d'une capacité assez fantastique de notre cerveau, celle de pouvoir nous extraire du présent et de nous projeter, aussi bien dans le passé que dans le futur.

Il s'agit de l'un des super-pouvoirs conférés, entre autres, par notre cortex préfrontal. C'est une capacité formidable qui nous permet de simuler par la pensée nos projets, nos actions futures dans des lieux ou des temps qui sont loin de ceux où nous nous trouvons à l'instant présent. Cela étant, elle est accompagnée de cette tendance à voir dans notre esprit émerger par-ci par-là des pensées que nous ne contrôlons pas forcément, qui peuvent nous interrompre, nous distraire et qui s'accumulent comme les couches d'un millefeuille, nous donnant l'impression qu'il est naturel d'avoir des pensées simultanées sur de multiples choses. Or l'état qui favorise le plus l'attention, c'est la concentration.

Il est déjà difficile, par nous-mêmes, de contrôler notre concentration et d'être attentifs selon notre désir ou nos besoins. C'est une capacité qui peut s'entraîner et s'améliorer avec le temps, c'est aussi quelque chose que notre cerveau apprend à mesure de son développement.

Ainsi, chercher à se concentrer sur plusieurs choses en même temps a finalement un effet pervers, celui de diminuer notre capacité de concentration. Une étude a montré que les jeunes adultes passaient d'une tâche à une autre toutes les deux minutes. Les plus âgés avaient eux aussi du mal à se concentrer longtemps et papillonnaient toutes les trois à quatre minutes. Ces résultats ont ensuite été retrouvés dans d'autres études et l'on se rend compte que la tendance naturelle va vers le *multitasking.*

En outre, il est devenu de plus en plus difficile pour les plus jeunes de se concentrer sur une seule tâche. Une étude réalisée sur 3 048 Néerlandais de 13 à 65 ans a montré que, quel que soit l'âge, les participants faisaient du *multitasking* en moyenne un quart du temps (écouter de la musique et être sur les réseaux sociaux ou regarder des vidéos, ou bien regarder la télévision tout en lisant ses mails, etc.) mais ce pourcentage passe à 31 % pour les adolescents[29]. Cette illusion du multitâche est de plus en plus courante et ancrée dans les esprits, en particulier chez les plus jeunes qui, à chaque génération, ont davantage tendance à multiplier les activités simultanées au détriment de leur concentration.

---

29. H. Voorveld & M. van der Goot, « Age differences in media multitasking: a diary study », *Journal of Broadcasting & Electronic Media*, volume 57, 2013.

Bien entendu, l'essor du multitâche ne touche pas que les plus jeunes.
Dans le contexte professionnel, le multitâche est un usage qui se généralise.

Le recours au télétravail a considérablement augmenté le passage aux réunions vidéo (visioconférences, webinars ou autres meetings virtuels). Zoom, Teams, Google Meet, Webex, etc., les plateformes ne manquent pas. Cela a permis de pouvoir maintenir les échanges durant les périodes de confinement, et d'éviter bon nombre de trajets et déplacements superflus, ce qui est sans aucun doute une très bonne chose pour beaucoup de travailleurs. Néanmoins, cette adoption presque radicale et intensive de la visioconférence s'accompagne aussi d'effets plus négatifs. Certains experts parlent même de « Zoom fatigue » pour décrire l'épuisement provoqué par l'explosion du nombre de rendez-vous en visio et la charge cognitive que cela peut générer via cette accumulation tout au long de la journée.
Une des théories proposées pour expliquer cet effet est celle de la « surcharge non-verbale » (nonverbal overload)[30]. Les visioconférences sont épuisantes, car elles demandent un effort intense pour maintenir des signaux de communication non verbale (comme établir un contact visuel simultané avec plusieurs personnes). Cette fatigue s'intensifie également lorsque les utilisateurs font face à des éléments comme :

- l'anxiété liée à leur image en miroir,
- le sentiment d'être observé par plusieurs visages,
- la sensation d'être physiquement coincé,
- l'effort pour produire des signaux non verbaux,
- la nécessité de surveiller les signaux non verbaux des autres.

30. J. Bailenson, « Nonverbal overload: a theoretical argument for the causes of Zoom fatigue », *Technology, Mind, and Behavior,* volume 2, février 2021.

Les personnes utilisant fréquemment la visioconférence, pendant de longues périodes et avec peu de pauses, se plaignent davantage de « Zoom fatigue ».

Ce n'est pas tout ! Cette multiplication des réunions, auparavant limitées par une contrainte simple (le nombre et la disponibilité des salles de réunion), atteint des sommets. Selon Microsoft, éditeur du logiciel Teams, largement utilisé dans les entreprises pour assurer les visioconférences, l'utilisateur moyen de Teams a vu son temps passé en réunion augmenter de 252 % depuis 2020[31].

Le temps passé en réunion ayant augmenté, on observe également une augmentation du multitâche[32]. Environ 30 % des réunions incluent du multitâche lié aux emails, et environ 25 % incluent du multitâche de type gestion de fichiers. Certaines caractéristiques des réunions, comme le nombre de participants, la durée, l'heure et le type de réunion, sont fortement corrélées à l'ampleur du multitâche.

Pourtant, la solution semble simple. Une enquête menée sur 76 entreprises ayant réduit leurs réunions (visio et présentiel confondus) montre que réduire de 40 % les réunions augmenterait la productivité de 71 %. Mieux encore, les diminuer de 60 % augmenterait la coopération de 55 % et diminuerait le stress des employés de 57 %[33].

---

31. Microsoft, *ibid.*

32. H. Cao *et al.*, « Large scale analysis of multitasking behavior during remote meetings », *Proceedings of the 2021 CHI Conference on Human Factors in Computing Systems*, article 448, mai 2021.

33. B. Laker *et al.*, « Dear Manager, You're Holding Too Many Meetings », *Harvard Business Review*, mars 2022.

Bill Gates et Steve Jobs, respectivement emblématiques de Microsoft® et d'Apple®, avaient déjà perçu les désavantages des nouvelles technologies sur l'attention, puisqu'ils ont élevé leurs enfants avec un contrôle très strict de l'utilisation des technologies à la maison. Alors que Bill Gates limitait le temps passé sur les écrans, Steve Jobs avait quant à lui tout bonnement interdit l'usage de sa propre création, l'iPad, à ses enfants[34].

Cela aurait dû nous mettre la puce à l'oreille.

34. C. Weller, *Business Insider UK*, 2018.

## UN TIERS DES INTERNAUTES ONT TENTÉ DE LIMITER LEUR USAGE DES ÉCRANS

**PARMI EUX, 7% N'Y PARVIENNENT PAS**

*— SOURCE : ÉTUDE DE L'INSEE, 2024.*

## VIVE L'ENNUI !

**Nous avons perdu l'habitude de nous ennuyer. Plus exactement, nous fuyons autant que possible l'ennui, nous essayons de le bannir de nos vies. De peur qu'il surgisse, avant même qu'il ne se fasse sentir, nous dégainons notre smartphone pour nous occuper l'esprit et le pouce.**

Comme si se retrouver seul avec soi-même et ses pensées était devenu la pire chose qui soit, et que s'y confronter ne serait-ce qu'une minute relevait d'une situation dangereuse. Je l'admets, les revues à disposition dans les salles d'attente ne sont pas toujours passionnantes ni même très récentes, mais il y a fort longtemps que je n'ai pas vu quelqu'un les lire en attendant le médecin…

L'ennui est désagréable, pénible. La sensation d'un temps perdu et inutile. On se sent parfois abandonné, vide. Bref, l'ennui est insupportable. Des chercheurs[35] ont demandé à des personnes de rester quinze minutes dans une salle, sans téléphone, avec la seule consigne de rester assises et de ne pas s'endormir. La majorité est loin d'apprécier ce moment. Mais les spécialistes ne se sont pas arrêtés là. Ils ont donné la possibilité aux sujets, s'ils le désiraient, de recevoir un choc électrique désagréable en appuyant sur un bouton. Aussi incroyable que cela puisse paraître, 65 % des hommes (25 % des femmes) ont préféré appuyer eux-mêmes sur ce bouton et recevoir un choc électrique plutôt que de rester seuls avec leurs pensées. Comme si la recherche d'information, de nouveautés ou de sensations était plus forte que simplement rester quelques minutes seul avec soi-même, à laisser son esprit vagabonder.

---

35. Wilson TD, Reinhard DA, Westgate EC, Gilbert DT, Ellerbeck N, Hahn C, Brown CL, Shaked A. Social psychology. Just think: the challenges of the disengaged mind. Science. 2014 Jul 4;345(6192):75-7. doi: 10.1126/science.1250830. PMID: 24994650; PMCID: PMC4330241.

**58 % DES FRANÇAIS DÉCLARENT NE PAS POUVOIR SE PASSER D'INTERNET PLUS D'UNE JOURNÉE SANS QUE CELA LEUR MANQUE EN 2022. ILS ÉTAIENT 18 % EN 2011.**

*– BAROMÈTRE DU NUMÉRIQUE, ARCEP/CREDOC 2022.*

# DEFAULT MODE NETWORK

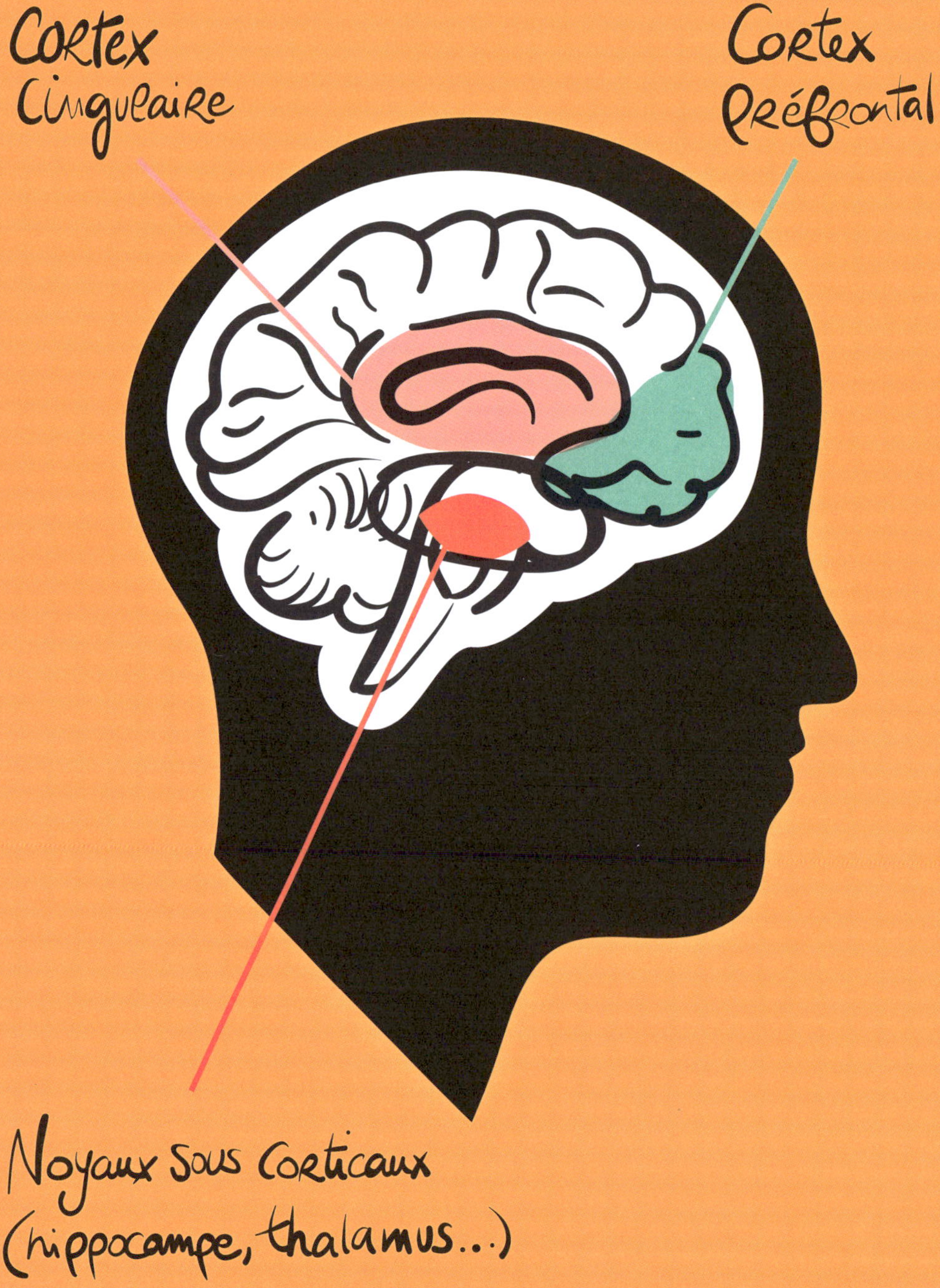

### → L'ennui, bénéfique ?

L'ennui a l'apparence du vide, du néant, de l'inutile, mais figurez-vous qu'au niveau cérébral c'est tout le contraire ! Notre cerveau est toujours en activité. Quand bien même nous avons l'impression de faire des pauses et de ne rien faire, notre cerveau, lui, continue de travailler, mais différemment.

Lorsque nous ne sommes pas concentrés sur une tâche spécifique, un réseau de neurones particulier s'active. Il s'agit du « réseau du mode par défaut » (*default mode network*).

Cet ensemble de structures fonctionne de concert pour permettre à notre esprit de vagabonder. Il est au cœur de notre créativité, de notre capacité à nous projeter dans l'avenir, à penser à nous-mêmes et aux autres et s'avère également crucial dans les processus de mémoire.

On retrouve par exemple chez les personnes atteintes de la maladie d'Alzheimer des altérations dans le fonctionnement du réseau du mode par défaut. Attention, cela ne veut pas dire que ne pas s'ennuyer peut entraîner l'apparition de cette maladie, mais cela montre le caractère essentiel de ce réseau pour le bon fonctionnement de notre mental de manière générale.

S'ennuyer est capital pour la bonne santé de notre cerveau. Or, comme chaque mécanisme cérébral, à l'image d'un muscle, il se renforce lorsqu'il est utilisé et s'affaiblit lorsqu'il ne l'est pas. Ainsi, essayer sans cesse de s'empêcher de s'ennuyer est en réalité délétère pour cet organe, car cela le prive de cette capacité inestimable de pouvoir faire travailler, alors que nous sommes en pause, ce réseau de neurones aux multiples bénéfices. **L'ennui est source de création et de bon fonctionnement cognitif.**

Il est important d'appréhender notre attention de façon globale. Elle peut être tournée vers l'extérieur, distraite par l'environnement, une interruption, une interférence, ou tournée vers un écran, un document, une présentation, un film, etc. Néanmoins, elle ne se limite pas à cela. Notre attention peut aussi être tournée vers l'intérieur : elle nous permet de prendre du recul, de laisser libre cours à notre imagination ou tout simplement d'observer le flot de nos pensées plus ou moins agitées.

Il est crucial pour le bon fonctionnement de notre cerveau et le bien de notre santé mentale de pratiquer ces deux facettes de l'attention. Il ne faut pas laisser le contrôle de notre attention à des mécanismes externes ni nous focaliser uniquement sur l'extérieur. Pour orienter notre attention vers l'intérieur, il est important de nous abstraire des stimulations externes. Cela est possible en particulier grâce à notre cortex préfrontal, qui nous permet de contrôler l'orientation de notre attention, ainsi que de la déclencher.

### → S'entraîner à s'ennuyer ?

De nombreux problèmes d'attention ou difficultés à fixer notre attention sur quelque chose proviendraient justement de notre tendance à privilégier une stimulation externe de notre attention, au détriment de notre capacité naturelle à la déclencher et à l'orienter depuis « l'intérieur ». C'est pourquoi il est important de nous autoriser des périodes de pause sans stimulation externe, sans téléphone, sans écran, simplement assis ou allongé, à ne rien faire en particulier, si ce n'est laisser notre esprit divaguer, et ce quotidiennement. Appelons cela « ennui », « entraînement de la créativité » ou, pourquoi pas, « hygiène cérébrale indispensable ».

## *HOMO NUMERICUS* (OU PAS)

**Que de chemin parcouru depuis les premiers *Homo sapiens* ! Toutes ces avancées technologiques et civilisationnelles ! Pourtant, à peine vingt ans nous séparent de l'apparition de l'iPhone en 2007. Alors que notre cerveau, lui, n'a presque pas changé depuis plus de 250 000 ans.**

Non, *Homo numericus* n'existe pas, nous sommes toujours de bons vieux *Homo sapiens*. Penser qu'en seulement une vingtaine d'années l'espèce humaine aurait eu le temps d'évoluer et de s'adapter aux nouveaux outils numériques et à l'apparition du digital serait le fruit de confusions. Chez les espèces du genre *Homo*, dont nous sommes les derniers représentants sur Terre, l'évolution prend du temps, beaucoup de temps, plusieurs centaines de milliers d'années, et non dizaines d'années. Rien à voir avec la rapidité des bactéries à s'adapter aux antibiotiques. Le progrès technologique et l'évolution de l'espèce humaine se déroulent à des vitesses qui sont immensément différentes.

Nous sommes donc les porteurs d'un cerveau très ancien, dans un monde de plus en plus technologique.

250 000 ans les séparent : costume différent, mais même cerveau. Nous partageons encore de nombreux points communs avec nos ancêtres (avec heureusement beaucoup de différences). Comme l'homme des cavernes, mais aussi comme beaucoup d'autres espèces animales, nous sommes grégaires. Nous avons tendance à nous regrouper, de façon plus ou moins durable (notamment pour former des villes) ou de façon transitoire. Par exemple, lors d'événements joyeux comme une victoire à la Coupe du monde de football,

nous aimons nous retrouver pour les partager de façon collective. Cela est aussi vrai lorsque nous vivons des moments de stress et de peine, comme ce fut le cas lors des attentats de Paris en novembre 2015.

La possibilité de nous connecter les uns aux autres sur internet devrait donc être considérée comme positive. Malheureusement, ce n'est pas le cas. Dès les premières études[36] dans les années 1990 consacrées aux liens entre internet et la santé mentale, **on a observé des corrélations entre l'usage d'internet et une augmentation du sentiment de solitude, une baisse de l'estime de soi et une accentuation des symptômes dépressifs.**

## → Le paradoxe d'internet

Globalement, l'usage d'internet est associé à une baisse du bien-être psychologique. On appelle cela « le paradoxe d'internet ». Plusieurs facteurs sont potentiellement impliqués dans ce phénomène.

Tout d'abord, nous avons besoin d'interactions « face à face », en situations réelles. En effet, lorsque notre cerveau se développe, il apprend à fonctionner sur la base de ce qu'il perçoit et expérimente, et cela est vrai également pour notre capacité à interagir socialement ainsi que pour la façon dont nous fonctionnons d'un point de vue affectif.

Notre perception émotionnelle est par nature multifactorielle : elle intègre l'image, le son et le toucher, ainsi que

---

36. R. Kraut, *et al.* « Internet Paradox, A Social Technology that Reduces Social Involvement and Psychological Well-being? », *American Psychologist,* 1998, volume 53(9), p. 1017-1031.
I. Pantic, *et al.* « Association Between Online Social Networking and Depression in Highschool Students: Behavioral Physiology Viewpoint », *Psychiatria Danubina,* 2012, volume 24(1), p. 90-93.
N. Banjanin, *et al.* « Relationship Between Internet Use and Depression: Focus on Physiological Mood Oscillations, Social Networking and Online Addictive Behavior », *Computers in Human Behavior,* 2015, volume 43, p. 308-312.

**LA POSSESSION DE SMARTPHONES ET LE TEMPS D'ÉCRAN AUGMENTENT DANS LE MONDE ENTIER, ET UNE MÉTA-ANALYSE DE 83 ÉTUDES MENÉES DE 2014 À 2020 (24 PAYS ET 33 831 PARTICIPANTS) MONTRE QUE L'USAGE PROBLÉMATIQUE DES SMARTPHONES EST EN HAUSSE, PARTICULIÈREMENT CHEZ LES 15-35 ANS.**

– J. OLSON ET AL., *COMPUTERS IN HUMAN BEHAVIOR*, AVRIL 2022.

leur contenu. La majorité de notre perception émotionnelle se base sur des éléments non verbaux comme le ton de la voix, la posture corporelle, l'expression faciale, etc.

Autant de paramètres qui sont aujourd'hui l'apanage des interactions sociales dans la vie réelle et dont notre cerveau a besoin pour percevoir, ressentir et construire des interactions d'une richesse et d'une qualité suffisantes à notre bien-être.

Cela est évidemment encore plus critique pour les cerveaux qui sont encore en développement, jusqu'à leur maturité aux alentours de vingt à vingt-cinq ans. Ce peut être plus car le cortex préfrontal, dont nous avons vu qu'il était au cœur de nombreux aspects liés à l'attention mais également à la personnalité, à la prise de décision, à la gestion de nos émotions ainsi qu'au contrôle des pulsions, est l'une des dernières régions du cerveau à arriver à maturité, aux alentours de trente ans.

Toutefois, bonne nouvelle ! Réduire le temps passé sur les réseaux sociaux améliore le bien-être de manière significative et diminue le sentiment de solitude en à peine trois semaines[37].

---

37. M. G. Hunt *et al.* « No more FOMO: limiting social media decreases loneliness and depression », *Journal of social and clinical psychology*, 2018.

## LES CONSÉQUENCES SUR LA SANTÉ MENTALE

### → Quel est l'impact sur la santé mentale ?

Un foyer français disposant d'une connexion internet possède en moyenne 10 écrans ! Tablettes, smartphones, téléviseurs, ordinateurs, ou encore montres connectées, nous en sommes entourés, du matin au soir. La lumière des écrans nous éclaire, quel que soit notre âge. Objets auxquels s'ajoutent bon nombre d'autres dispositifs connectés sans écrans, comme les enceintes sans fils connectées, et un nombre croissant d'appareils électroménagers (lave-linge, lave-vaisselle, réfrigérateur, etc.) connectés à internet, depuis chez nous, jusqu'à des serveurs, quelque part sur la planète, analysant nos usages et notre consommation.

L'omniprésence du numérique prend de multiples formes, ce qui rend son étude d'autant plus complexe. Cela est également le cas lorsqu'on s'intéresse à l'impact du numérique sur la santé mentale. Doit-on s'intéresser à l'impact des écrans, des smartphones ou plus particulièrement de certaines applications, comme les réseaux sociaux ? Quel est l'impact sur les adultes ? Quel est l'impact sur les enfants ou les adolescents ?

Lorsque je donne des conférences, cette dernière question m'est posée systématiquement, ce qui indique l'inquiétude que nous ressentons vis-à-vis de ces nouveaux usages.

Si vous le permettez, mettons pour le moment les lave-vaisselle et les lave-linge connectés de côté (qui suscitent visiblement moins d'inquiétude), et focalisons-nous dans un premier temps sur les écrans.

### ➜ L'usage des écrans a beaucoup évolué ces dernières années, et diffère selon l'âge.

Les enfants les plus jeunes regardent majoritairement la télévision (principalement pour les dessins animés) puis en grandissant, ils commencent à aller sur internet *via* les dispositifs auxquels ils ont accès.

C'est en moyenne à 5 ans et 10 mois que les enfants commencent à utiliser internet, sous supervision, et très rapidement l'usage devient autonome à 6 ans et 10 mois. 46 % des enfants sont équipés d'un smartphone avant leurs 10 ans[38].

Les premiers usages d'internet des 6-10 ans sont principalement liés au divertissement et à l'amusement (vidéos, applications créatives, musique). Ensuite, à l'adolescence, l'usage devient plus social. Les adolescents privilégient donc les réseaux sociaux, en particulier ceux centrés sur la vidéo, ainsi que les services de messagerie instantanée, les jeux vidéo et l'écoute de musique. D'ailleurs, 86 % des 8-18 ans sont inscrits sur les réseaux sociaux (ils sont 67 % à être inscrits en primaire, 93 % au collège et 96 % au lycée)[39].

### ➜ Est-ce dangereux ?

Lorsque j'écrivais la première édition de ce livre, publiée en 2018, il était encore difficile de trouver un consensus clair sur l'impact des écrans, des smartphones ou des réseaux sociaux sur les plus jeunes. En 2024, la situation est totalement différente, et les études scientifiques beaucoup plus nombreuses.

---

38. « 46 % des enfants de 6-10 ans sont déjà équipés d'un smartphone », étude réalisée par Toluna – Harris Interactive pour l'Association e-Enfance/3018, avec le soutien de Google auprès d'un échantillon représentatif de 616 parents d'enfants âgés de 6 à 10 ans et d'un échantillon représentatif de 432 enfants âgés de 6 à 10 ans, mars 2023.

39. « Le cyberharcèlement chez les 8-18 ans », étude réalisée en ligne par l'institut Audirep pour l'Association e-Enfance/3018 avec le soutien de la Caisse d'Épargne, sur 1200 binômes parents-enfants mineurs de 8 à 18 ans scolarisés, juin 2023.

En ce qui concerne les écrans, le sujet a même fait l'objet en France, en 2024, d'une commission d'experts indépendants demandée par le président de la République. À l'issue de trois mois de travaux, durant lesquels elle a interrogé un large panel d'acteurs et d'experts, sa conclusion est claire concernant les conséquences néfastes des écrans :

- d'une part sur la santé physique (problèmes de sommeil, sédentarité, manque d'activité physique, obésité, ou encore problèmes de vue),
- d'autre part sur la santé mentale, les écrans et en particulier les réseaux sociaux représentant un facteur de risque supplémentaire.

En ce qui concerne l'impact sur la santé mentale, c'est donc vers les réseaux sociaux que les regards convergent.

En 2021, Frances Haugen, ancienne employée de Facebook, a provoqué un séisme médiatique en dévoilant des milliers de documents internes, mettant en lumière les pratiques controversées de l'entreprise. Ses révélations, connues sous le nom de Facebook Papers, ont révélé comment les algorithmes de la plateforme privilégiaient les contenus polarisants et émotionnels, renforçant ainsi la colère et l'engagement des utilisateurs. Facebook savait que certains de ses réseaux, en particulier Instagram, nuisaient à la santé mentale des jeunes, aggravant l'anxiété et les problèmes d'image corporelle chez les adolescents. Pourtant, plutôt que de corriger ces dérives, l'entreprise aurait choisi de préserver ses profits, limitant les actions de modération, en particulier dans des régions vulnérables comme l'Inde et l'Éthiopie. Ce scandale a suscité un débat international sur la nécessité de réguler les réseaux sociaux pour limiter leur impact sur la société.

En parallèle, les institutions de santé publique dans le monde entier s'inquiètent. La santé mentale de la population se dégrade, en particulier chez les plus jeunes. Dans son dernier *Baromètre Santé*, publié en 2023, l'agence Santé Publique France alerte : « Chez les 18-75 ans, la prévalence [des épisodes dépressifs caractérisés] a augmenté de 3,5 points, passant de 9,8 % à 13,3 %, sur la période 2017-2021. Cette augmentation concerne tous les segments de population analysés. La progression la plus importante a été observée chez les jeunes adultes (18-24 ans), avec une hausse de 9 points entre 2017 (11,7 %) et 2021 (20,8 %). » Bien entendu, cette détérioration de la santé mentale a de multiples causes, notamment la crise sanitaire liée à la Covid-19, mais elle perdure.

La question se pose : y a-t-il un lien entre les usages des réseaux sociaux et la dégradation de la santé mentale ?

Le débat est très vif chez les chercheurs du domaine, car les premières études publiées ne montraient que des corrélations entre le temps passé sur les différents outils (smartphone et réseaux sociaux par exemple) et l'augmentation de certaines variables comme le sentiment de solitude, l'anxiété, ou encore les risques de dépressions, et une baisse de l'estime de soi. Cela pose deux problèmes en termes d'analyse :

- Le temps passé sur l'outil n'est pas une variable très pertinente. En effet, l'usage est loin d'être unifié. Très prosaïquement, il est discutable de mettre au même niveau 2 heures de temps passées à regarder des contenus sur la physique quantique ou de culture générale, et 2 heures passées à regarder de la publicité ou des vidéos de chats en train de faire des bêtises (même si j'adore les chats !).

- Corrélation ne veut pas dire causalité. En effet, dans l'hypothèse où il y a un lien entre le sentiment de solitude et le temps passé sur internet, y a-t-il causalité ? Et si oui, dans quel sens ? Est-ce parce que je passe du temps sur internet que je me sens seul ou est-ce parce que je me sens seul que je passe du temps sur internet ?

Il est très difficile d'établir un lien causal sur un usage aussi universel que les réseaux sociaux (difficile de constituer un groupe contrôle qui n'est pas utilisateur des réseaux sociaux, par exemple), et aussi changeant dans le temps (les réseaux sociaux évoluent de mois en mois et font l'objet de mises à jour régulières modifiant leurs fonctionnalités et leur manière d'interagir avec les utilisateurs).

Néanmoins, des centaines d'études, issues de différents laboratoires de recherche dans le monde, mettent en évidence une association entre les usages numériques et une dégradation de la santé mentale. De plus, on a pu observer la publication ces dernières années d'études qui font émerger un lien de causalité, comme des expériences durant lesquelles on a diminué voire coupé l'usage de réseaux sociaux pour observer les effets sur les utilisateurs au cours du temps. En 2018, des chercheurs ont invité 2743 utilisateurs[40] à désactiver leurs comptes pendant quatre semaines, et une partie d'entre eux a été sélectionnée au hasard pour le faire, sous vérification. Les résultats montrent que la désactivation de Facebook a d'une part réduit l'activité en ligne, y compris sur d'autres réseaux sociaux, tout en augmentant d'autre part les activités hors ligne telles que passer du temps avec la famille et les amis, a amélioré le bien-être subjectif et a porté à une réduction durable de l'utilisation de Facebook

40. Allcott, Braghieri, Eichmeyer, & Gentzkow, « The welfare effects of social media». *American Economic Review*, 2020.

après l'expérience. On retrouve l'effet bénéfique sur la santé mentale de la réduction de l'usage de réseaux sociaux dans plusieurs études qui ont suivi en 2020[41], en 2023[42] ou encore en 2024[43]. Ce sont maintenant des dizaines d'études qui montrent des effets bénéfiques lors de la réduction de l'usage des réseaux sociaux. Y compris pour les adultes[44].

En limitant son usage des réseaux sociaux à seulement 30 minutes quotidiennes, on observe[45] des améliorations significatives de son bien-être psychologique après seulement deux semaines : l'anxiété, la dépression, la solitude, le FOMO et les émotions négatives ont diminué, tandis que les émotions positives ont augmenté.

Autre exemple d'étude[46], durant laquelle 308 étudiantes âgées de 18 à 26 ans ont été réparties au hasard pour utiliser soit Facebook, soit Instagram, soit un jeu (condition de contrôle) sur un iPad. Les résultats montrent que l'utilisation d'Instagram, plus que celle de Facebook, entraîne des comparaisons physiques accrues, une baisse de la satisfaction corporelle et une humeur plus négative chez les jeunes femmes, soulignant l'impact néfaste d'Instagram sur l'image corporelle en raison de son accent sur les images.

En 2023, le Dr Vivek Murthy, administrateur de la santé publique aux États-Unis déclare qu'il s'agit là d'un véritable

---

41. Brailovskaia, Ströse, Schillack, & Margraf, «Less Facebook use – More well-being and a healthier lifestyle? An experimental intervention study», *Computers in Human Behavior,* 2020.

42. Thai, Davis, Mahboob, Perry, Adams, & Gold, « Reducing Social Media Use Improves Appearance and Weight Esteem in Youth With Emotional Distress », *Psychology of Popular Media,* 2023.

43. Davis & Goldfield, « Limiting social media use decreases depression, anxiety, and fear of missing out in youth with emotional distress: A randomized controlled trial », *Psychology of Popular Media,* 2024.

44. Lambert, Barnstable, Minter, Cooper, & McEwan, « Taking a One-Week Break from Social Media Improves Well-Being, Depression, and Anxiety: A Randomized Controlled Trial », *Cyberpsychology, Behavior, and Social Networking,* 2022.

45. Faulhaber, Lee, & Gentile, « The Effect of Self-Monitoring Limited Social Media Use on Psychological Well-Being », *Technology, Mind, and Behavior,* 2023.

46. Fardouly, J., Diedrichs, P. C., Vartanian, L. R., & Halliwell, E. « Social comparisons on social media: The impact of Facebook on young women's body image concerns and mood », *Body Image,* 13, 38-45, 2015.

problème de santé publique dans un pays où 95 % des jeunes âgés de 13 à 17 ans sont utilisateurs des réseaux sociaux et dont presque un tiers déclare les utiliser « presque constamment ». Dans le rapport officiel[47] publié en 2023 par son administration, il souligne que l'usage des réseaux sociaux est associé à des contenus nuisibles (violence, harcèlement), perturbe le sommeil et réduit le temps passé avec la famille et les amis. Les adolescents qui passent plus de 3 heures par jour sur ces plateformes doublent leur risque de dépression et d'anxiété, alors qu'ils y passent en moyenne 3,5 heures par jour. Les filles sont particulièrement vulnérables : un tiers d'entre elles se disent « accros » et 46 % des 13-17 ans affirment que les réseaux sociaux dégradent leur image corporelle.

Bien entendu, les réseaux sociaux peuvent offrir de nombreux bénéfices. Parmi ces avantages, les adolescents rapportent que les réseaux sociaux les aident à se sentir davantage acceptés, à avoir des personnes qui les soutiennent dans les moments difficiles, à disposer d'un espace pour exprimer leur créativité, et à se sentir plus connectés à la vie de leurs amis. Cependant, ce n'est pas le cas pour toutes et tous. De nombreux facteurs viennent interagir, notamment socio-économiques, et certaines populations sont beaucoup plus vulnérables que d'autres et encore plus à risque de subir des effets extrêmement négatifs sur leur santé mentale, voire dans certains cas mortels.

Une étude de l'Université Brigham Young[48] a suivi 500 adolescents sur une période de dix ans, de 2009 à 2019, pour examiner les effets de l'utilisation des médias sociaux sur

---

47. U.S. Department of Health and Human Services, Office of the Surgeon General, Social Media and Youth Mental Health: The U.S. Surgeon General's Advisory, 2023.

48. Coyne, S.M., Hurst, J.L., Dyer, W.J. et al., « Suicide Risk in Emerging Adulthood: Associations with Screen Time over 10 years », *J Youth Adolescence* 50, 2324–2338, 2021.

leur santé mentale. Les résultats indiquent que les adolescentes de 13 ans utilisant les réseaux sociaux pendant 2 à 3 heures par jour, avec une augmentation de cette utilisation au fil du temps, présentent un risque accru de suicide.

Tout comme l'ont fait par la suite les membres de la commission sur les écrans en France, Vivek Murthy, aux États-Unis, en appelle aux pouvoirs publics, aux entreprises du secteur de la technologie, aux parents, aux éducateurs et aux chercheurs : « Bien que davantage de recherches soient nécessaires pour comprendre pleinement l'impact des réseaux sociaux, ce manque de connaissances ne peut pas servir de prétexte à l'inaction. »

Au-delà de la France et des États-Unis, c'est la planète entière qui est concernée. En 2024, l'OMS tire la sonnette d'alarme ! L'Organisation mondiale de la santé a partagé des données alarmantes dans son dernier rapport[49] sur l'utilisation des réseaux sociaux par les adolescents, issu d'une étude exhaustive de 280 000 jeunes, dans 44 pays et régions en Europe, Asie centrale et Canada.

## → Pourquoi est-ce inquiétant ?

Le terme « usage problématique » fait référence à un usage des médias sociaux qui affecte négativement certains aspects de la vie d'un individu, comme l'école, les interactions familiales, ou la santé mentale. Les usages ou consommations problématiques peuvent être vus comme un stade potentiellement précurseur de l'addiction.

Ce qui nous invite à nous poser la question : sommes-nous devenus « addicts » ?

---

49. Boniel-Nissim M, Marino C, Galeotti T, Blinka L, Ozoliņa K, Craig W et al., « A focus on adolescent social media use and gaming in Europe, central Asia and Canada. Health Behaviour in School-aged Children international report from the 2021/2022 survey », Volume 6. Copenhagen: WHO Regional Office for Europe; 2024: CC BY-NC-SA 3.0 IGO.

## ALORS, ADDICT ?

**Qu'il soit notre doudou ou une sorte de prothèse bionique prolongeant notre main, nous ne lâchons plus notre téléphone. *Phubbing*, nomophobie, peur de rater quelque chose, *multitasking*, *blurring*, *oversharing*, infobésité… Tout cela ne serait-il pas en réalité le reflet d'un seul et même problème de fond : une addiction au smartphone ?**

L'addiction, ou plus exactement la dépendance, correspond à quelque chose de très précis au niveau cérébral. On distingue les aspects comportementaux d'une part et neurobiologiques d'autre part.

Du point de vue comportemental, une addiction est une envie impérieuse, un désir incontrôlé de consommer quelque chose au sens large du terme, de façon excessive. Cela malgré la conscience que l'on peut avoir des aspects négatifs de cette consommation sur soi-même et sur l'entourage, de ses conséquences et de la réduction de la liberté qu'elle induit. Drogue, sexe, nourriture, jeux, alcool ou encore sport intensif, on sait aujourd'hui que le spectre des addictions possibles est très large.

Du point de vue neurobiologique, les addictions se caractérisent par des mécanismes particuliers. En effet, il existe dans le cerveau un réseau de structures cérébrales appelé le circuit de la récompense. Comme son nom l'indique, il est censé nous récompenser dans certains cas précis par la délivrance d'une sensation de plaisir, fugace, éphémère, mais intense. Au cœur de ce système, un neurotransmetteur fait beaucoup parler de lui : la dopamine.

Ce circuit nous est crucial, car il est à la base de notre apprentissage en matière de comportement. C'est grâce au circuit de la récompense que nous apprenons, au cours de notre vie, à orienter nos comportements vers des issues vitales, telles que la recherche de nourriture, la reproduction ou encore la survie. En nous récompensant lors de la réalisation de ces actions, cela entraîne un renforcement, dit positif, qui nous encourage vers un type de comportement plus qu'un autre, en orientant notre motivation. C'est une forme de conditionnement, consciente ou non.

Alors, pourquoi un système dédié à l'apprentissage de comportements liés à notre survie, aussi bien à l'échelle individuelle qu'à celle de notre espèce, peut-il être également lié à l'impact négatif voire tragique des drogues ? Parce que c'est précisément ce circuit que vont cibler un grand nombre de psychotropes. En stimulant le circuit de la récompense, les drogues, telles que l'héroïne, la cocaïne ou encore l'alcool, pour ne citer qu'elles, induisent une sensation de plaisir et détournent ce système, qui ne sera plus orienté vers la survie mais résultera en un changement de nos comportements vers une nouvelle finalité.

**Répétée dans le temps, la consommation de substances entraîne des modifications à plus long terme du cerveau et de la mémorisation, des changements à l'échelle neurophysiologique de la forme de nos neurones, voire dans l'expression de nos gènes.** Cela peut conduire à des phénomènes d'accoutumance ou encore de manque, sans compter les effets négatifs propres à chaque drogue.

Quel est le lien avec internet, nos smartphones et l'hyperconnexion de manière générale ? Aujourd'hui, il serait encore délicat de mettre au même niveau, d'un point de vue neurobiologique, les effets de substances telles que la cocaïne et le partage d'un tweet. Nous n'avons pas de preuve, à ce jour, par exemple en imagerie cérébrale, que le web, les smartphones ou les réseaux sociaux soient similaires à une pharmacodépendance au sens strict. Néanmoins, d'un point de vue comportemental, on peut identifier des points communs très notables et, dans bien des cas, une consommation excessive, voire une conduite addictive.

**En effet, on a identifié dans le cas de l'hyperconnexion au moins six symptômes d'addiction, tels qu'ils sont décrits au sujet de la pharmaco dépendance ou encore de la dépendance au jeu :**

### 1 LA PERTE DE CONTRÔLE

« Je ne me souviens plus quand j'ai commencé à regarder mon flux Twitter, Facebook ou Instagram, ni pourquoi. Je pensais que cela prendrait dix minutes, et cela fait déjà plus d'une demi-heure que je fais défiler les informations sur mon écran, ça me semble infini… »

### 2 LA PERTURBATION/INTERRUPTION AU SEIN DE LA FAMILLE, DE L'ÉCOLE OU ENCORE DU TRAVAIL

« Alors, en rendez-vous galant, un silence se fait sentir. L'envie de saisir mon smartphone me démange, je me mets alors à phubber ouvertement ma partenaire, j'interromps l'interaction avec elle que j'avais pourtant tant souhaitée. »
« Au bureau, une notification fait vibrer mon téléphone, ou bien l'envie de consulter mes mails sans raison particulière survient en pleine réunion, interrompant mon écoute et ma participation éventuelle. »

### 3 LE MÉPRIS OU L'IGNORANCE DES CONSÉQUENCES

« Il est déjà tard, allongé dans mon lit, les yeux me piquent, les heures défilent, je continue à consommer un maximum d'information, de flux, de posts, de gifs, de statuts et de photos, au détriment de mon temps de sommeil, pourtant si précieux. »

### 4 LE MANQUE

« Je n'aime pas laisser mon téléphone chez moi, ou le confier à quelqu'un. Je préfère l'avoir à portée de main, sur la table, dans mon sac ou dans ma poche. Il y a toujours une bonne raison pour ne pas m'en séparer. »

### 5 LA PRÉOCCUPATION OU L'OBSESSION

« Les yeux à peine ouverts, la première action à laquelle je pense le matin au réveil est de saisir mon smartphone et d'y lire les derniers posts ou commentaires de mes amis. »

### 6 LA TOLÉRANCE OU L'HABITUATION

« Je me souviens de la première fois où j'ai obtenu des likes sur mes photos de vacances, quelle joie ! Aujourd'hui, lorsque j'en reçois moins d'une centaine, quelle déprime ! »

Que ce soit à un niveau infraclinique sous la forme d'une consommation récréative ou abusive, ou bien pathologique dans le cas d'une addiction diagnostiquée, la modification de nos comportements liée à l'usage récent des réseaux sociaux et autres outils numériques s'avère préoccupante. **Il est important de nous interroger sur notre contrôle réel de l'outil, sur notre conscience de son usage et sur les conséquences qu'il a dans nos vies.** À nous, et à ceux qui nous entourent, de définir nos propres seuils et limites, afin de reprendre le contrôle et d'utiliser ces prodigieux outils au mieux pour bénéficier des nombreux avantages qu'ils peuvent nous apporter.

# UNE FORTE PROPORTION D'ADDICTION AU SMARTPHONE A ÉTÉ MESURÉE DANS DIFFÉRENTS PAYS, EN PARTICULIER CHEZ LES JEUNES ÉTUDIANTS[40]

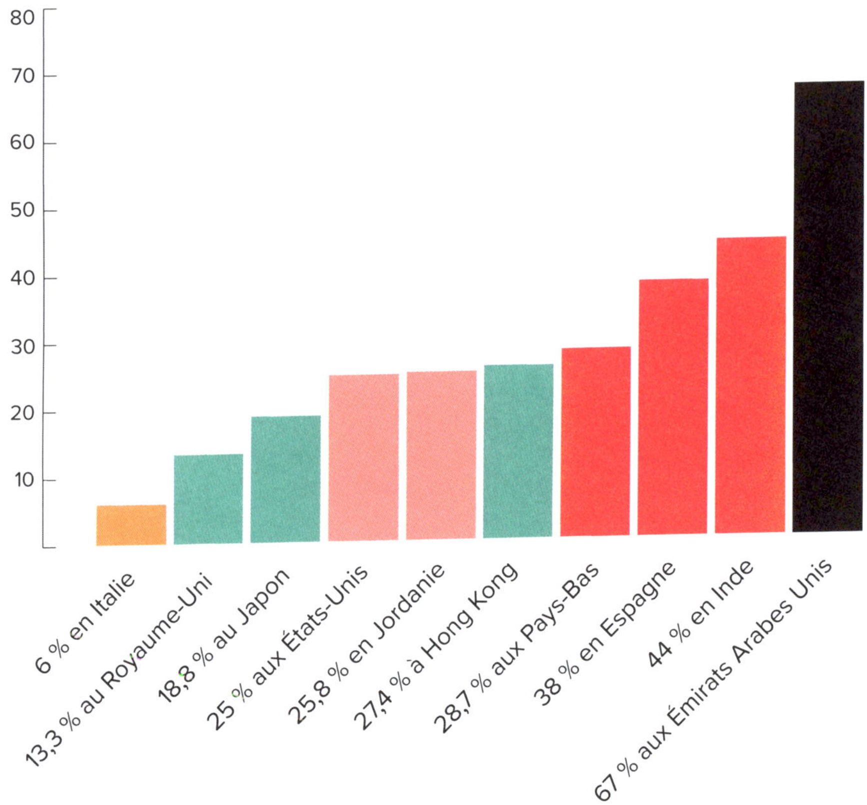


– J. M. KHOURY ET AL., *PLOS ONE*, 2017, VOLUME 12(5).
C. PEARSON & Z. HUSSAIN, *GAMING AND TECHNOLOGY ADDICTION: BREAKTHROUGHS IN RESEARCH AND PRACTICE*, 2017.

# Estimer son hyperconnexion

Voici des exemples de questionnaires que vous pouvez réaliser seul, de façon autonome, afin de mesurer votre état d'hyperconnexion suivant les différents angles introduits plus tôt dans cet ouvrage : le *phubbing*, l'addiction aux smartphones et à internet, la peur de rater quelque chose et la nomophobie.

Ils ont été développés et validés expérimentalement par des chercheurs dans l'objectif d'être utilisés lors d'études scientifiques afin de mesurer des corrélations, de comparer des groupes de personnes ou encore les évolutions dans le temps.

En revanche, ils ne constituent pas un diagnostic à proprement parler. Ils sont plutôt présentés ici à titre indicatif et offrent une manière de vous auto-évaluer (vous-même ou vos proches), de prendre conscience de vos comportements en ayant une idée de votre propre hyperconnexion et de mesurer, par exemple, les améliorations réalisées suite à un changement de votre mode de vie ou de vos habitudes dans le cadre d'une démarche de détox digitale.

tu disais ?

## JE MESURE MON COMPORTEMENT DE *PHUBBING*

**Ce questionnaire[50] vise à mesurer à quel point vous avez un comportement lié au *phubbing*. Il est constitué de quinze phrases décrivant des ressentis, des situations ou encore des comportements. Pour chacune d'elles, il faut répondre sur une échelle de 1 à 7, le plus sincèrement et le plus honnêtement possible.**

| 1 | 2 | 3 | 4 | 5 | 6 | 7 |
|---|---|---|---|---|---|---|
| | | | | | | |

jamais → toujours

Si, pour la phrase 1, il vous arrive souvent d'être anxieux lorsque votre téléphone n'est pas près de vous, alors comptez 6 points, et ainsi de suite pour les phrases suivantes.

1. Je me sens anxieux si mon téléphone n'est pas près de moi.
2. Je ne peux pas supporter de laisser mon téléphone seul.
3. Je place mon téléphone à un endroit où je peux le voir.
4. J'ai peur de manquer quelque chose d'important si je ne consulte pas mon téléphone.
5. J'ai des conflits avec les autres parce que je suis en train d'utiliser mon téléphone.
6. On me dit que j'interagis trop avec mon téléphone.
7. Cela m'irrite lorsque quelqu'un me demande de mettre de côté mon téléphone et de lui parler.

50. V. Chotpitayasunondh & K. M. Douglas, « Measuring phone snubbing behavior: development and validation of the Generic Scale of Phubbing (GSP) and the Generic Scale of Being Phubbed (GSBP) », *Computers in Human Behavior*, volume 88, 2018, p. 5-17.

8 J'utilise mon téléphone même si je sais que cela irrite les autres.

9 Je préfère prêter attention à mon téléphone plutôt que de parler aux gens.

10 Je me sens satisfait lorsque je porte mon attention sur mon téléphone plutôt que sur les autres.

11 Je me sens bien lorsque j'arrête de me concentrer sur les autres et porte plutôt mon attention vers mon téléphone.

12 Je me sens moins stressé en ignorant les autres et en portant plutôt mon attention vers mon téléphone.

13 Je prête attention à mon téléphone plus longtemps que ce que j'avais l'intention de faire.

14 Je sais que je dois manquer des occasions de parler avec les gens lorsque je suis en train d'utiliser mon téléphone.

15 Je m'entends penser : « Encore quelques minutes seulement » lorsque je suis en train d'utiliser mon téléphone.

Enfin, il suffit de faire l'addition de tous les points. Votre score se situera entre 15 et 105 points. Plus il est élevé, plus vous avez un comportement de *phubbing*. Vous pouvez aller voir les résultats p. 143.

## JE MESURE À QUEL POINT JE SUIS VICTIME DU *PHUBBING*

**Pendant du questionnaire précédent, celui-ci vise à évaluer à quel point vous avez le sentiment d'être phubbé. Il est composé de plusieurs affirmations pour lesquelles, de la même manière que précédemment, vous devrez attribuer des points selon la fréquence à laquelle vous vous sentez concerné par l'affirmation.**

| 1 | 2 | 3 | 4 | 5 | 6 | 7 |
|---|---|---|---|---|---|---|
| | | | | | | |

jamais → toujours

1 Les gens autour de moi consultent leur téléphone pour lire des messages et les mises à jour des réseaux sociaux.

2 Les gens autour de moi semblent utiliser leur téléphone pour aller en ligne/se connecter.

3 Les gens autour de moi positionnent leur téléphone à un endroit où ils peuvent le voir.

4 Les gens semblent inquiets à l'idée de manquer quelque chose d'important s'ils ne consultent pas leur téléphone.

5 Parce qu'ils utilisent leur téléphone, les gens semblent ne plus avoir conscience de ce qui les entoure.

6 Les gens semblent avoir du mal à lâcher leur téléphone.

7 Les gens semblent ne pas pouvoir supporter de laisser leur téléphone seul.

8 Les gens semblent « être dans leur monde » quand ils utilisent leur téléphone.

9 Les gens semblent être anxieux lorsque leur téléphone n'est pas proche d'eux.

10 Les gens consultent leur téléphone plutôt que de me parler.

11 Les gens semblent éviter l'ennui en portant leur attention sur leur téléphone plutôt que sur moi.

12 Les gens semblent diminuer leur stress en portant leur attention sur leur téléphone plutôt que sur moi.

13 Les gens semblent se sentir bien lorsqu'ils cessent de se concentrer sur moi et tournent leur attention vers leur téléphone.

14 Les gens détournent leur attention de moi vers leur téléphone.

15 Je dis aux gens qu'ils interagissent trop avec leur téléphone.

16 J'ai des conflits avec les gens parce qu'ils sont en train d'utiliser leur téléphone.

17 Je m'entends penser : « J'en ai assez » lorsque les autres sont en train d'utiliser leur téléphone.

18 Les gens utilisent leur téléphone alors qu'ils savent que cela m'irrite.

19 Les gens autour de moi semblent irrités si je leur demande de poser leur téléphone et de me parler.

Au même titre que le questionnaire précédent, il suffit de faire la somme des points pour estimer combien vous vous sentez victime de *phubbing*, le score total allant de 19 à 133. L'enjeu ici est de savoir dans quelle mesure le fait d'être phubbé serait susceptible d'augmenter votre propre tendance à phubber autrui, comme un cercle vicieux de l'indifférence manifestée, d'où l'intérêt de séparer les deux aspects en deux questionnaires distincts. L'important est de communiquer à l'autre votre sentiment d'être phubbé, de le sensibiliser à la question. Vous pouvez aller voir les résultats p. 143.

## JE MESURE MA PEUR DE RATER QUELQUE CHOSE

**En 2013 a été développée l'« échelle FOMO », ou fear of missing out scale[51], dont l'objectif est d'évaluer simplement et rapidement votre peur de manquer une information, une expérience, etc.**
**Comme précédemment, il s'agit d'affirmations que l'on expérimente dans la vie quotidienne. Indiquez à quel point elles semblent vous correspondre et dans quelle mesure elles reflètent votre personnalité. Il est important de répondre avec sincérité, et non pas selon ce que vous pensez que vous devriez répondre.**

| 1 | 2 | 3 | 4 | 5 | 6 | 7 |
|---|---|---|---|---|---|---|
| | | | | | | |

ne me correspond pas du tout → me correspond absolument

1. Je crains que les autres aient des expériences plus gratifiantes que moi.
2. Je crains que mes amis aient des expériences plus gratifiantes que moi.
3. Je m'inquiète quand je découvre que mes amis s'amusent sans moi.
4. Je deviens anxieux quand je ne sais pas ce que mes amis s'apprêtent à faire.
5. Il est important que je comprenne les blagues de mes amis.

51. A. K. Przybylski et al., « Motivational, emotional, and behavioral correlates of fear of missing out », *Computers in Human Behavior*, volume 29(4), 2013, p. 1841-1848.

6 Parfois je me demande si je ne passe pas trop de temps à me tenir au courant de ce qui se passe.

7 Cela me dérange quand je manque une occasion de rencontrer un ami.

8 Quand je passe un bon moment, il est important pour moi de le partager en ligne (par exemple en mettant à jour mon statut).

9 Quand je manque un événement ou une réunion planifiée, cela me dérange.

10 Quand je pars en vacances, je continue à me tenir informé de ce que font mes amis.

Calculez votre score total. Il se situera entre 10 et 70. Il n'y a pas de seuil à partir duquel on peut affirmer que l'on est « atteint » de cette peur de manquer quelque chose de façon pathologique, ce n'est pas un diagnostic médical. Néanmoins, à titre indicatif, vous pouvez voir comment se répartissent en moyenne les participants qui ont des scores similaires p. 158.

## J'ÉVALUE MA NOMOPHOBIE

**Ce questionnaire[52] dédié à l'évaluation de la nomophobie prend en compte les quatre dimensions clés de la nomophobie : l'incapacité à communiquer, la perte de connexion, l'incapacité à accéder à l'information et enfin le fait d'être privé des avantages qu'offrent les smartphones.**

Pour chacune de ces phrases, indiquez sur une échelle allant de 1 à 7 à quel point vous êtes en accord ou pas avec cette affirmation.

| 1 | 2 | 3 | 4 | 5 | 6 | 7 |
|---|---|---|---|---|---|---|
| | | | | | | |

pas du tout d'accord → totalement d'accord

1. Ne pas pouvoir accéder à tout moment à de l'information sur mon smartphone me rend mal à l'aise.
2. Je me sentirais agacé si je ne pouvais pas consulter de l'information sur mon téléphone quand bon me semble.
3. Ne pas pouvoir m'informer (actualité, météo, etc.) sur mon téléphone me rend nerveux.
4. Ne pas pouvoir utiliser mon téléphone ou ses fonctionnalités quand bon me semble m'agace.
5. J'ai peur que mon appareil manque de batterie.
6. Atteindre la limite de consommation de mes données mobiles me fait paniquer.
7. Sans signal ou connexion wifi, je vérifie constamment mon téléphone pour voir si le signal revient.

52. C. Yildirim & A. Correia, « Exploring the dimensions of nomophobia: Development and validation of a self-reported questionnaire », *Computers in Human Behavior*, volume 49, 2015, p. 130-137.

8 Sans smartphone, j'ai peur de me perdre lorsque je cherche mon chemin.

9 Sans smartphone pendant un moment, je ressens le besoin de le consulter.

**Si je n'avais pas mon téléphone avec moi :**

10 Je serais inquiet de ne pas pouvoir communiquer instantanément avec mes amis ou ma famille.

11 Je serais inquiet de ne pas pouvoir être joint par mes amis ou ma famille.

12 Je serais inquiet de ne pas pouvoir recevoir de textos ni d'appels.

13 Je me sentirais anxieux de ne pas pouvoir garder le contact avec ma famille ou mes amis.

14 Je serais inquiet parce que je ne pourrais pas savoir si quelqu'un a essayé de me joindre.

15 Je me sentirais anxieux parce que mon lien avec ma famille ou mes amis serait rompu.

16 Je serais inquiet d'être déconnecté de mon profil en ligne.

17 Je serais mal à l'aise de ne pas pouvoir rester à jour dans l'actualité de mes réseaux sociaux.

18 Je serais gêné sans les notifications de mes réseaux.

19 Je me sentirais anxieux de ne pas pouvoir vérifier ma messagerie électronique.

20 Je me sentirais bizarre parce que je ne saurais pas quoi faire.

Le total se situe entre 20 et 140. Plus le score est élevé et plus la nomophobie est sévère. Vous pouvez aller voir les résultats p. 143.

## J'ÉVALUE MON ADDICTION À INTERNET

**La question de l'addiction à internet a été soulevée dès la fin des années 1990 et ce questionnaire est encore le plus utilisé[53]. Pour chaque question, indiquez à quel degré elle vous concerne.**

| 1 | 2 | 3 | 4 | 5 | 6 | 7 |
|---|---|---|---|---|---|---|
| | | | | | | |

rarement → toujours

1. Vous arrive-t-il de rester sur internet plus longtemps que vous n'en aviez l'intention au départ ?
2. Vous arrive-t-il de négliger des tâches ménagères afin de passer plus de temps sur internet ?
3. Vous arrive-t-il de préférer l'excitation/l'amusement d'internet à l'intimité de votre partenaire ?
4. Vous arrive-t-il de vous faire de nouvelles relations avec des utilisateurs d'internet ?
5. Votre entourage vous reproche-t-il de passer trop de temps sur internet ?
6. Arrive-t-il que votre travail pâtissent du temps que vous passez sur internet ?
7. Vous arrive-t-il de regarder d'abord votre messagerie avant d'accomplir une chose nécessaire et urgente ?
8. Arrive-t-il que vos performances au travail ou votre productivité souffrent à cause d'internet ?

53. K. Young, *Caught in the Net*, John Wiley & Sons, 1998.
Y. Khazaal et al., « French validation of the Internet Addiction Test », *Cyberpsychology, Behavior and Social Networking*, volume 11, n°6, 2008.

9 Vous arrive-t-il d'être sur la défensive ou de refuser de répondre si quelqu'un vous demande ce que vous faites sur internet ?

10 Vous arrive-t-il de chasser les soucis de votre vie quotidienne par la pensée réconfortante d'aller sur internet ?

11 Vous arrive-t-il de vous réjouir du moment où vous irez de nouveau sur internet ?

12 Vous arrive-t-il de penser que la vie sans internet serait ennuyeuse, vide et sans joie ?

13 Vous arrive-t-il de répondre d'un ton brusque, de crier ou de vous montrer agacé si quelqu'un vous dérange pendant que vous êtes sur internet ?

14 Vous arrive-t-il de manquer de sommeil parce que vous êtes resté tard sur internet ?

15 Lorsque vous n'êtes pas sur internet, vous arrive-t-il d'y penser activement ou de rêver y être ?

16 Vous arrive-t-il de vous dire « Encore quelques minutes seulement » lorsque vous êtes sur internet ?

17 Vous arrive-t-il d'essayer de diminuer le temps que vous passez sur internet sans y arriver ?

18 Vous arrive-t-il de cacher aux autres combien de temps vous avez passé sur internet ?

19 Vous arrive-t-il de choisir de passer plus de temps sur internet plutôt que de sortir avec des proches ?

20 Vous arrive-t-il de vous sentir déprimé, de mauvaise humeur ou énervé lorsque vous n'êtes pas sur internet, puis de vous sentir mieux lorsque vous y êtes ?

Le score total se situe entre 20 et 140. Vous pouvez aller voir les résultats p. 143.

## JE MESURE MON ADDICTION AU SMARTPHONE

**Ce questionnaire[54] est composé de dix affirmations concernant votre relation au smartphone. Pour chacune, indiquez à quel point vous êtes en accord ou en désaccord, de 1 à 7.**

| 1 | 2 | 3 | 4 | 5 | 6 | 7 |
|---|---|---|---|---|---|---|
| | | | | | | |

Fortement en désaccord → Fortement d'accord

1. J'utilise mon smartphone de telle manière que cela a un impact négatif sur ma productivité/mon travail.
2. J'ai du mal à me concentrer en classe, durant mes devoirs ou durant le travail à cause du smartphone.
3. Je ressens des douleurs aux poignets ou dans le cou quand j'utilise mon smartphone.
4. Je ne supporte pas le fait de ne pas avoir mon smartphone.
5. Je ressens de l'impatience et de l'irritation lorsque je n'ai pas mon smartphone.
6. Je suis préoccupé par l'utilisation de mon smartphone, même lorsque je ne l'utilise pas.
7. Je n'arrêterai jamais d'utiliser mon smartphone, même si son utilisation entraîne des conséquences négatives importantes dans ma vie quotidienne.

---

54. M. Kwon, *et al.* « The Smartphone Addiction Scale: Development and Validation of a Short Version for Adolescents », *PLOS One*, volume 8(12), 2013, e83558.

O. Lopez-Fernandez, « Short version of the Smartphone Addiction Scale adapted to Spanish and French: towards a cross-cultural research in problematic mobile phone use », *Addictive Behaviors*, volume 64, 2017, p. 275-280.

8 Je surveille en permanence mon smartphone de manière à ne manquer aucune conversation (par exemple sur Twitter ou Facebook).

9 J'utilise mon smartphone plus longtemps que je l'avais prévu.

10 Mes proches me disent que j'utilise trop mon smartphone.

Le score total varie de 10 à 70. Vous pouvez aller voir les résultats p. 143.

# Les solutions à l'hyperconnexion

## SE DÉCONNECTER POUR MIEUX SE RECONNECTER

**Que ce soit dans la vie personnelle ou professionnelle, les solutions à l'hyperconnexion sont nombreuses, et finalement très simples à mettre en place !**

La première étape pourrait se formuler ainsi : se déconnecter pour mieux se reconnecter. Se reconnecter à soi-même et se reconnecter aux autres, à ceux qui nous entourent, ainsi qu'à notre environnement.
En effet, malgré tout ce que nous avons vu précédemment, les arguments rationnels n'ont en général que peu de poids face à un comportement de type addictif.

Quand bien même nous connaissons les conséquences négatives de notre hyperconnexion, passer à l'acte pour changer nos comportements est une toute autre histoire. Notre conduite n'est pas de l'ordre d'une démarche rationnelle, mais comportementale, voire émotionnelle. Tenter de l'adopter uniquement par la raison serait souvent peine perdue.

C'est pourquoi le meilleur moyen de commencer une « détox digitale » et de reprendre le contrôle sur vos comportements numériques est d'en expérimenter par vous-même les bénéfices. Au même titre que c'est en démarrant le sport que l'on en ressent les bienfaits, c'est en appliquant des solutions de détox digitale au quotidien que vous

ressentirez les améliorations sur votre bien-être, votre productivité et votre créativité.

Ensuite, fort de cette expérience et des bénéfices ressentis, vous pourrez plus facilement mettre en place de meilleurs usages sur le long terme, qui vous satisferont à titres individuel et collectif.

## PREMIÈRE ÉTAPE : LE SÉJOUR DÉCONNECTÉ

**Rien de mieux pour commencer qu'un petit séjour déconnecté. Pourquoi chercher compliqué, mettre en place une stratégie complexe avant même de commencer, en s'imposant des contraintes ou des frustrations sur le long terme ? Le plus simple est de couper temporairement mais totalement.**

Que ce soit pour une semaine, un week-end, une journée ou ne serait-ce qu'une heure selon vos capacités et vos envies, expérimentez une déconnection totale. Inutile de mettre la barre trop haut au début. Un week-end au vert, dans une zone blanche, un séjour « digital detox » organisé par une agence de voyages spécialisée, une retraite dans un monastère ou une journée le téléphone laissé à la maison : à votre guise, mais déconnectez-vous ! Tout est là.

- **Fixez-vous comme seul objectif une durée de déconnexion (une journée, un week-end…).**

- **Prévenez vos proches** avant de partir pour les informer de votre non-connexion ou leur transmettre les coordonnées du lieu où vous allez, en cas de besoin. Ou, encore mieux, partez tous ensemble !

- **Anticiper les sollicitations professionnelles ou personnelles.** Se déconnecter trop brutalement peut être pour certain une source de stress et rendre l'expérience désagréable voire angoissante, ce qui est l'opposé de l'objectif. Il est donc primordial d'anticiper cette coupure en s'organisant le mieux possible en amont, régler les sujets urgents avant de couper son téléphone pour ne pas y repenser. Si vous le pouvez, identifiez une personne qui pourra être votre "backup" pour gérer vos dossiers en votre absence et vous permettre de partir l'esprit tranquille.

- **Laissez votre téléphone et votre ordinateur chez vous,** coupez les données mobiles ou installez une application spéciale qui bloquera internet et les autres applications (y compris les jeux) pour ne permettre que les appels entrants et sortants.

- **Prévoyez des activités,** physiques, créatives, culturelles, seul ou en groupe. En effet, le temps nouvellement libéré pourrait vous sembler soudainement long de prime abord.

- **Emportez un carnet ou un dictaphone** pour consigner vos ressentis durant l'expérience et après. Cela vous aidera pendant le processus et par la suite.

À votre retour, quelle que soit la durée de l'expérience, vous aurez ressenti de premiers bénéfices et cela vous confortera pour procéder à des changements concrets dans votre quotidien.

Le contexte est un facteur très puissant lorsqu'il s'agit d'addictions ou même simplement de mauvaises habitudes. Notre cerveau est extrêmement doué pour établir des associations et les conserver, c'est un des éléments clés de la mémoire. Cela est vrai pour l'association entre un lieu et un comportement, c'est pourquoi changer de lieu pour commencer votre détox digitale facilitera votre démarche. Ensuite, il vous reste à continuer sur cette belle lancée, une fois rentré.

## DEUXIÈME ÉTAPE : DANS LA VIE PERSONNELLE

**Après votre week-end déconnecté, vous vous sentez plus léger, plus détendu et en même temps plus énergique, mais voilà ! À peine rentré, vous rallumez votre smartphone et vous vous replongez dans une frénésie de vibrations et de sonneries en tout genre…**

Les notifications et messages accumulés durant votre déconnexion se déversent sur vous et le retour au quotidien s'avère plus pénible que prévu. Vous étiez déconnecté, mais le reste du monde digital, lui, n'a pas suspendu son effervescence et ne vous a pas oublié.

Du point de vue comportemental, procédez à des modifications légères mais progressives, en changeant peu à peu quelques détails du quotidien. Les conseils donnés vont probablement vous sembler anecdotiques, pourtant, mis bout à bout, ils peuvent vous apporter un réel bénéfice sur le long terme.

Commencez par le plus facile et, petit à petit, progressez vers d'autres modifications. Inutile de vouloir tout bouleverser du jour au lendemain. Voici des exemples d'astuces, à voir comme une boîte à idées dans laquelle puiser et dont vous pouvez vous inspirer :

Bla Bla Bla Bla

• **Achetez un réveil** pour ne plus utiliser votre smartphone dès les premières minutes de la journée.

• **Bannissez le smartphone de la chambre** à coucher. Sa simple présence sur la table de nuit, à portée de main, est une tentation dont vous pouvez vous passer en pleine nuit. Vos yeux vous diront merci.

• **Attendez une heure après le réveil** pour allumer votre smartphone. Redonnez au petit déjeuner une plus grande place. Qui plus est, est-ce si utile de démarrer la journée par de mauvaises nouvelles ou un mail de son patron ?

• **Désactivez les notifications.** Chaque vibration ou sonnerie est une interruption dans ce que vous êtes en train de faire et nuit à votre attention, vous empêchant d'être pleinement présent, et au final vous fait perdre du temps.

• **Cachez les applications les plus « addictives ».** Vous avez sans doute déjà identifié celles sur lesquelles vous passez le plus de temps, sans avoir le sentiment d'en tirer un réel bénéfice. Souvent, il s'agit des applications basées sur des flux que l'on peut faire défiler à l'infini (Facebook, Twitter...), des systèmes de likes/swap exprimant des jugements (Snapchat, Instagram, Tinder...) ou encore des jeux dont l'expérience d'interaction et l'augmentation de la difficulté est un vrai travail d'orfèvre de l'attention (Candy Crush, Angry Birds...). Regroupez-les par exemple dans un répertoire positionné en dernière page de votre menu. Ces quelques glissades de doigts supplémentaires semblent anodines mais représentent une barrière assez efficace. Par ailleurs, placées dans un répertoire, les notifications attireront moins votre attention.

• **Bannissez les smartphones au moment des repas.** Pourquoi ne pas les mettre tous dans un sac, en mode avion ou en silencieux avant de vous mettre à table ? Ou, plus drôle, empilez-les au centre de la table : le premier qui fera la vaisselle ou paiera l'addition. pour tout le monde. Effet garanti !

• **Achetez une montre.** Le smartphone est devenu notre horloge en tous lieux et tout temps, mais chaque visualisation de l'heure est une occasion pour les autres applications de capter votre attention et votre temps. Porter une montre permet de laisser votre smartphone plus souvent en dehors de votre poche et de l'avoir moins souvent à portée de main.

• **Réglez votre écran en nuance de gris.** Dans de nombreux téléphones il est maintenant possible de faire ce changement dans les paramètres d'accessibilité. Une fois débarrassé des couleurs vives des icones ou des vignettes rouges des notifications, vous serez bien moins tentés.

• **Installez une application pour limiter votre usage.** Il est parfois très difficile de changer son comportement par soi-même et on peut avoir besoin que le téléphone lui même nous empêche de l'utiliser. Certaines applications permettent de définir des plages horaires sans réseaux sociaux ou sans jeux, ou des durées limites sur certaines apps.

• **Prenez le temps de vous ennuyer !** Accordez-vous des alternances entre phases de concentration et phases de rêvasserie. À la terrasse d'un café, dans les transports en commun, dans votre salon devant la fenêtre, toute occasion pour « vous ennuyer » et vous laisser aller à vos pensées, ne serait-ce que quelques minutes, est bonne à prendre et permettra à votre « réseau du mode par défaut » de travailler pour votre bien.

DO NOT
ENTER
¡PHONE!

## TROISIÈME ÉTAPE : DANS LA VIE PROFESSIONNELLE

**En raison du caractère ubiquitaire de ses supports (smartphone, internet, etc.), l'hyperconnexion touche indistinctement la sphère personnelle et la sphère professionnelle. Voici une sélection d'astuces à tester au bureau qui vous aideront à mieux gérer votre temps, votre concentration et donc votre énergie, vous permettant d'être plus efficace tout en étant moins fatigué.**

• **Séquencez votre travail.** Finissez-en avec le mythe du *multitasking* et revenez à une succession d'activités uniques. Alternez travail de fond sur une tâche (smartphone en silencieux, notifications désactivées), puis période consacrée à la consultation et au traitement des mails, et ainsi de suite.

• **Encadrez la consultation de vos mails.** Le temps passé à traiter les mails ne cesse d'augmenter et d'empiéter sur le reste. Limitez-le ! Définissez un nombre de consultations par jour. Consulter ses mails trois fois par jour et s'y tenir est compatible avec la grande majorité des métiers en bureau. Par exemple, 45 minutes le matin en commençant la journée de travail, 45 minutes après le déjeuner et 45 minutes avant de quitter le poste. Vos collègues et votre patron ont-ils véritablement besoin d'une réponse dans la minute ?

• **Remettez l'urgence à sa place.** Mails, messagerie interne, Slack… : nous travaillons avec l'injonction de répondre rapidement, presque instantanément, sous couvert de l'urgence. Néanmoins, l'urgence est une notion fort relative. La jambe cassée, l'arcade ouverte ou pour un problème quelconque, nous avons tous pu constater que même aux « urgences »

il fallait prendre son mal en patience. À juste titre, la véritable urgence est plus rare qu'on ne le pense. Quand bien même elle serait avérée, les outils numériques sont-ils les médiums les plus appropriés, ou un coup de téléphone ne serait-il pas plus efficace ?
Vous pouvez donc désactiver vos notifications en « temps réel » et définir des canaux dédiés aux différents types de messages.

• **Faites très attention aux messageries instantanées.** On les utilise souvent pour se libérer l'esprit, d'une question qui traîne dans notre tête ou pour échanger des informations pensant ainsi moins déranger les autres. En réalité, le volume d'information explose, et avec eux une forme d'injonction d'instantanéité et de réponse rapide. Les informations sont totalement mélangée entre elles, et les retrouver dans l'historique est un scroll interminable. Toutes les informations n'ont pas vocation à être traité de façon immédiate. Il est préférable de distinguer ce qui est de l'ordre du partage synchrone vs. asynchrone.

• **Limitez le nombre de personnes en copie des mails.** Au-delà de trois personnes dans la liste, interrogez-vous. Toutes ces personnes sont-elles effectivement concernées par la discussion ? Ou certains sont-ils dans la liste pour faire bonne figure, voire se couvrir ? Le rapport final ou un compte rendu ne leur suffirait-il pas ?

• **Appliquez la « règle de trois ».** En plus de ne consulter vos mails que trois fois par jour et de ne pas inscrire plus de trois personnes en copie, si un échange s'étend sur plus de trois messages, peut-être est-il plus raisonnable et rapide de le régler par téléphone ou par une visite au bureau d'à côté ?

• **Interdisez les smartphones en salle de réunion.** Une simple boîte à chaussures peut faire l'affaire. Chacun y dépose son appareil en début de réunion et le récupère en partant. Les participants étant totalement présents, sans distractions, les échanges n'en seront que plus riches. Vous serez peut-être même surpris de terminer la réunion plus tôt que d'habitude !

• **Ne consultez pas vos mails professionnels le soir, ni le week-end, ni pendant vos congés.** Pour éviter toute surcharge ou perte d'information, inscrivez-le dans votre signature ou prévenez vos collègues au préalable.
Certaines entreprises vont plus loin en bloquant les serveurs le soir et le week-end, voire en détruisant tous les mails reçus en dehors des heures de bureau (après en avoir informé l'expéditeur, qui devra réitérer son envoi).

• **Usez de votre droit à la déconnexion.** Il est inscrit dans la loi depuis 2017 et obligatoire pour toutes les entreprises de plus de cinquante employés.

À la différence de la vie personnelle, les solutions pour la vie professionnelle peuvent rarement s'appliquer uniquement à soi-même. La réflexion sur les usages numériques, les outils et l'hyperconnexion doit donc se faire de façon collective, afin de trouver pour chaque entreprise, voire chaque équipe, le mode de fonctionnement qui lui conviendra le mieux.

Le droit à la déconnexion implique la mise en place d'une charte. C'est l'occasion de mettre à plat les usages, les dérives mais aussi le contexte pour réfléchir collectivement au problème et ainsi mettre en place une solution sur mesure, qui conviendra à tous, ainsi que les formations *ad hoc.*

# Conclusion

J'espère que cet ouvrage a pu répondre à vos questions sur l'hyperconnexion et vous donner des clés pour enfin « arrêter de scroller ». Se déconnecter temporairement est une expérience personnelle ; j'encourage tout le monde à la réaliser pour en ressentir les bénéfices. Poursuivre ensuite cette démarche dans la vie quotidienne s'avère finalement très simple, grâce aux petites modifications que vous aurez apportées dans vos habitudes et vos comportements. Elles sont à la portée de tous, mais leurs avantages sur le bien-être global sont immenses.

Le monde change de plus en plus vite. La transformation digitale a modifié nos vies et continue de le faire à une vitesse effrénée. Notre cerveau évolue quant à lui à un rythme totalement différent, c'est pourquoi mon message principal est de vous inviter à prendre le temps d'analyser personnellement quels sont les impacts du numérique dans votre quotidien, d'estimer quels sont ceux qui vous gênent et lesquels sont à votre bénéfice.

Espérons que cette démarche personnelle permettra une réelle remise en question à l'échelle collective. En attendant qu'elle arrive, il est important de prendre soin de soi et de sa santé, qu'elle soit mentale ou physique. Une prise de conscience est en cours : un nombre croissant d'anciens ingénieurs de Facebook, Google et autres grands acteurs de l'internet les ont quittés et tentent maintenant de sensibiliser le public sur les dérives de leurs créations[55]. L'éthique sera au cœur des prochains mouvements dans le domaine des développements d'outils numériques en général. Nous n'en sommes qu'au début, mais entre les progrès vertigineux qu'offrira encore et toujours le digital et les interactions avec notre esprit, l'avenir s'annonce passionnant !

---

55. Par exemple, Tristan Harris (Time Well Spent), ancien de Google, rejoint par : Sandy Parakilas, ancienne responsable des opérations de Facebook ; Lynn Fox, ancienne responsable de la communication de Google et Apple ; Dave Morin, un ancien cadre de Facebook ; Justin Rosenstein, créateur du bouton Like ; Roger McNamee, un des premiers investisseurs de Facebook et Renée DiResta, spécialiste des bots.

# Les réponses aux questionnaires

**Je mesure mon comportement de *phubbing***
Entre 15 et 30 : vous phubbez peu votre entourage.
Entre 31 et 69 : vous phubbez de manière significative votre entourage.
Entre 70 et 105 : vous phubbez beaucoup votre entourage.

**Je mesure à quel point je suis victime du *phubbing***
Entre 19 et 40 : vous êtes peu phubbé par votre entourage.
Entre 41 et 85 : vous êtes phubbé de manière significative par votre entourage.
Entre 86 et 133 : vous êtes beaucoup phubbé par votre entourage.

**Je mesure ma peur de rater quelque chose**
Entre 10 et 24 : absence de FOMO.
Entre 25 et 32 : risque de FOMO.
Entre 33 et 39 : FOMO modéré.
Entre 40 et 70 : FOMO sévère.

**J'évalue ma nomophobie**
Moins de 20 : absence de nomophobie.
Entre 21 et 59 : nomophobie faible.
Entre 60 et 99 : nomophobie modérée.
Entre 100 et 140 : nomophobie sévère.

**J'évalue mon addiction à internet**
Entre 20 et 39 : niveau moyen d'un utilisateur d'internet, qui dispose d'un contrôle complet sur son usage.
Entre 40 et 69 : problèmes fréquents dus à l'usage d'internet.
Plus de 70 : internet cause des problèmes significatifs.

**Je mesure mon addiction au smartphone**
Plus de 32 (en moyenne) : indique une utilisation excessive du smartphone.

Direction : Guillaume Pô
DIrection éditoriale : Tatiana Delesalle
Édition : Emma Mauberret
Direction artistique : Sylvaine Beck,
assistée d'Elise Goudelin
Mise en page : La Cédégraphe
Illustrations : Gwendoline Blosse
Direction de fabrication : Thierry Dubus
Suivi de fabrication : Florence Bellot


www.mangoeditions.com

57, Rue Gaston-Tessier, 75019 Paris

Dépôt légal : février 2025
1re édition
ISBN : 9782317036620
Code MDS : MN36620

Achevé d'imprimer en janvier 2025
par GraphyCems en Espagne
N° d'édition : 25L0248



Imprimé en Espagne sur du papier certifié FSC® (issu de forêts gérées de façon responsable), avec des encres végétales, sur les presses de GraphyCems, un imprimeur labellisé pour ses pratiques respectueuses de l'environnement.